JN195449

技術士第二次試験 建設部門

一発合格 への 戦略

論文対策編

平野貴宣 著

スタディング 監修

中央経済社

は じ め に

この本を手に取っていただき，ありがとうございます。

「技術士」として未来を切り拓く強力な指南書を作りたく筆を執りました。多くの"建設部門"の技術者が技術士試験に挑戦し，合格するための一助となることを願っています。

本書は，技術士第二次試験について，受験者の多数を占める"建設部門"に焦点を当てた，論文試験攻略の戦術を示します。技術士第二次試験の全体における戦略（勉強方法，考え方）については，姉妹本である『技術士第二次試験 一発合格への戦略〈学習法編〉』（中央経済社刊）に整理しています。是非，そちらもご覧ください。

なお，技術士試験は時折改正されますが，技術士試験の最難関は"論文試験"にあることに変わりはありません。本書の論文試験対策をしっかりと身に付けることで，改正にも対抗できます。

話は変わりますが，建設部門の技術者は，業務の中で技術士資格が重宝されることが多いと思います。会社によっては，技術士資格を取得することで資格手当がついたり，昇職につながったりするケースもよくあります。それ以外にも，大きなプロジェクトを任されたり，業務の責任者になったりと，重要な責務に就いたということもよく聞きます。

技術士資格を取得することで，高度な技術者として証明され，周りからも自分からも前へ進むための追い風が吹くことになります。

最近の技術士第二次試験の合格状況を見てみると，技術士第二次試験の合格者の平均年齢は，ここ数年は42歳前後となっています。42歳というと，業務の中心的役割を担っている人が多いと思います。こういった年代の方々が合格者

の平均年齢であることで，経験の少ない技術者にとっては，少しハードルが高いように思えるかもしれません。また，建設部門においての技術士第二次試験は合格率10％程度です。その合格率の低さも，技術者たちの挑戦を阻んでいるのかもしれません。

技術士第二次試験は難関資格であることは間違いありませんが，しっかりと準備することで合格することが可能です。

技術士第二次試験の最難関は論文試験です。論文試験を突破するための戦略を立て，戦術を駆使することが，合格への正攻法です。

「彼を知り己を知れば百戦殆うからず」
「勝兵は先ず勝ちて後に戦いを求め，敗兵は先ず戦いて後に勝ちを求む」

孫子は，相手のことをよく理解し，自分自身のことも正確に把握していれば，どんな戦いでもほぼ負けることはないと説きました。また，戦いに勝つためには事前の準備が不可欠だとも説きました。

技術士第二次試験においても，相手（試験内容，考え方等）に対する分析を十分に行い，自分自身に必要な準備を積み重ねることが不可欠です。

特に建設部門の出題は，国の施策と関連しているものが多いため，国全体や国土交通省の動きを見ることで対策が可能です。近年の出題傾向を見ても，奇をてらったような問題はなく，技術者として基本的かつ深く考えるべき問題がほとんどです。相手と自分自身を分析していくことで，合格を勝ち取ることができます。

本書では，論文試験の合格を目指し，最近の出題傾向にも対応するための論文攻略の戦術を，具体的かつわかりやすく示しました。

1章では，論文試験の概要にはじまり，試験委員に関することや建設部門の

技術者としての試験への向き合い方を示しています。

　2章では，論文対策のために試験の本質や必要な情報の収集・整理、論文作成方法について細かく分析しています。

　さらに，3章から6章では，論文試験の各設問に対する具体的な戦術を細かく解説し，実践的なアドバイスを提供します。また，合格への実戦的なイメージを掴むために，各章の末尾には再現論文を複数掲載しています。

　本書が，皆さまの技術士試験合格，技術者としてのさらなる高みへの跳躍のための力となることを願っています。皆さまの努力と情熱が実を結び，輝かしい未来へとつながることを，心から応援しています。

2025年3月吉日

技術士（建設部門，総合技術監理部門）　平野　貴宣

も　く　じ

3章　選択科目Ⅱ-1（1枚論文）の戦術

4章　選択科目Ⅱ-2（2枚論文）の戦術

5章　選択科目Ⅲ（3枚論文）の戦術

6章　必須科目Ⅰ（3枚論文）の戦術

1章

技術士第二次試験は
論文対策が合格の鍵

1-1 【建設部門】筆記試験受験にあたって

　技術士第二次試験の筆記試験は，技術士として必要な専門的学識及び高等な専門的応用能力を有するかどうかを判定する試験です。幅広い知識と高等な専門技術の豊富な経験による総合的な判断能力が求められます。また，建設部門の合格率は例年10％程度と低いため，他の建設系の資格試験と比べても，かなり難関資格であるといえます。

　技術士第二次試験は筆記試験と口頭試験に分かれていますが，筆記試験の合格者のみが口頭試験に進めます。口頭試験の合格率は8〜9割程度であるため，筆記試験を通過することが最も大きな山場といえます。

　建設部門全体（過去5年分）及び，選択科目別（令和5年度）の合格率は次のとおりです。建設部門全体では10％程度の合格率となっており，令和5年度の選択科目別では7％台と極めて低い選択科目もあります。

建設部門全体の合格率（過去5年分）

年度	申込者数 ［名］	受験者数 ［名］	合格者数 ［名］	対受験者合格率 ［％］
令和5年度	17,522	13,328	1,303	9.8
令和4年度	17,443	13,026	1,268	9.7
令和3年度	17,625	13,311	1,384	10.4
令和2年度	15,007	11,763	1,216	10.3
令和元年度	17,533	13,546	1,278	9.4
5年平均	17,026	12,995	1,290	9.9

選択科目別の合格率（令和5年度）

選択科目	申込者数 ［名］	受験者数 ［名］	合格者数 ［名］	対受験者合格率 ［％］
土質及び基礎	1,466	1,101	87	7.9
鋼構造及びコンクリート	3,587	2,700	203	7.5
都市及び地方計画	1,338	1,036	120	11.6
河川，砂防及び海岸・海洋	2,507	1,974	200	10.1
港湾及び空港	591	464	44	9.5
電力土木	153	123	10	8.1
道路	3,033	2,365	258	10.9
鉄道	671	472	37	7.8
トンネル	628	473	44	9.3
施工計画，施工設備及び積算	2,701	1,946	213	10.9
建設環境	847	674	87	12.9
建設部門全体	17,522	13,328	1,303	9.8

出典：令和6年度 技術士第二次試験受験申込み案内　［日本技術士会］

令和5年度 技術士第二次試験統計 ［日本技術士会］

▶試験方法・合格基準・例年のスケジュール・試験地・試験会場について詳しく知りたい方は，姉妹書『技術士第二次試験一発合格への戦略〈学習法編〉』（以下，学習法編）参照。

1-2 【建設部門】筆記試験の概要

　令和元年度より，一般部門の筆記試験はすべて論文試験となっています。受験申込み案内には，各科目の出題についての概念，出題内容，評価項目が示されています。これらを意識していないと，間違った方向性で解答してしまいますので，よく読んでおく必要があります。

(1) 必須科目

　必須科目では，建設部門全般の「専門知識」「応用能力」「問題解決能力及び課題遂行能力」に関するものとして，次のとおり出題されます。

Ⅰ　必須科目
「技術部門」全般にわたる専門知識，応用能力，問題解決能力及び課題遂行能力に関するもの

　記述式　　600字×3枚［40点］【2問出題1問選択解答】

概念	**専門知識** 専門の技術分野の業務に必要で幅広く適用される原理等に関わる汎用的専門知識
	応用能力 これまでに習得した知識や経験に基づき，与えられた条件に合わせて，問題や課題を正しく認識し，必要な分析を行い，業務遂行手順や業務上留意すべき点，工夫を要する点等について説明できる能力
	問題解決能力及び課題遂行能力 社会的なニーズや技術の進歩に伴い，社会や技術における様々な状況から，複合的な問題や課題を把握し，社会的利益や技術的優位性などの多様な視点からの調査・分析を経て，問題解決のための課題とその遂行について論理的かつ合理的に説明できる能力
出題内容	現代社会が抱えている様々な問題について，「技術部門」全般に関わる基礎的なエンジニアリング問題としての観点から，多面的に課題を抽出して，その解決方法を提示し遂行していくための提案を問う。

| 評価項目 | 技術士に求められる資質能力（コンピテンシー）のうち，専門的学識，問題解決，評価，技術者倫理，コミュニケーションの各項目 |

(2) 選択科目

　選択科目は，「専門知識」「応用能力」「問題解決能力及び課題遂行能力」に関するものとして，次のとおり出題内容が異なります。また，出題ごとに解答する原稿用紙の枚数が異なる出題形式となっています。

II　選択科目

1.「選択科目」についての専門知識に関するもの

記述式　600 字 × 1 枚［10 点］【4 問出題 1 問選択解答】

概念	「選択科目」における専門の技術分野の業務に必要で幅広く適用される原理等に関わる汎用的な専門知識
出題内容	「選択科目」における重要なキーワードや新技術等に対する専門知識を問う。
評価項目	技術士に求められる資質能力（コンピテンシー）のうち，専門的学識，コミュニケーションの各項目

2.「選択科目」についての応用能力に関するもの

記述式　600 字 × 2 枚［20 点］【2 問出題 1 問選択解答】

| 概念 | これまでに習得した知識や経験に基づき，与えられた条件に合わせて，問題や課題を正しく認識し，必要な分析を行い，業務遂行手順や業務上留意すべき点，工夫を要する点等について説明できる能力 |
| 出題内容 | 「選択科目」に関係する業務に関し，与えられた条件に合わせて，専門知識や実務経験に基づいて業務遂行手順が説明でき，業務上で留意すべき点や工夫を要する点等についての認識があるかどうかを問う。 |

評価項目	技術士に求められる資質能力（コンピテンシー）のうち，専門的学識，マネジメント，リーダーシップ，コミュニケーションの各項目

Ⅲ　選択科目
「選択科目」についての問題解決能力及び課題遂行能力に関するもの

記述式　　600 字 × 3 枚［30 点］【 2 問出題 1 問選択解答】

概念	社会的なニーズや技術の進歩に伴い，社会や技術における様々な状況から，複合的な問題や課題を把握し，社会的利益や技術的優位性などの多様な視点からの調査・分析を経て，問題解決のための課題とその遂行について論理的かつ合理的に説明できる能力
出題内容	社会的なニーズや技術の進歩に伴う様々な状況において生じているエンジニアリング問題を対象として，「選択科目」に関わる観点から課題の抽出を行い，多様な視点からの分析によって問題解決のための手法を提示して，その遂行方策について提示できるかを問う。
評価項目	技術士に求められる資質能力（コンピテンシー）のうち，専門的学識，問題解決，評価，コミュニケーションの各項目

出典：令和 6 年度 技術士第二次試験受験申込み案内　［日本技術士会］

(3)　必須科目と選択科目の違い

　必須科目と選択科目には明確な違いがあります。

　まず，必須科目Ⅰは，同じ技術部門の受験者が全員受験する科目であり，出題は比較的広範な内容をカバーしています。解答は，「技術部門」全般に関わる基礎的なエンジニアリング問題としての観点を意識して記載する必要があるため，専門知識・考えの広さを問われます。

　一方で，選択科目Ⅲは，自分の専門分野から選択する科目であり，より専門的かつ具体的な問題が出題されます。解答は，「選択科目」に関わる観点で記載する必要があり，専門知識・考えの深さを問われます。

採点委員目線では，必須科目Ⅰで深い専門知識・考えを見ると，「視野が狭い」と判断し，低い評価とする可能性があります。一方で，選択科目Ⅲであれば，その深い専門知識・考えが高評価につながる可能性があります。ゼネラリストとスペシャリストの要素を併せ持つ人材は，"T型人材"と呼ばれることがあります。そのT型を基にイメージすると次のようになります。

　例えば，"建設部門"の"土質及び基礎"を選択した受験者であれば，必須科目Ⅰでは「建設部門全般の専門家」として，選択科目Ⅲでは「建設部門・土質及び基礎の専門家」として，立場を変えて解答する必要があります。この場合，必須科目では，建設部門の"電力土木"や"鉄道"の専門家が聞いても納得できる内容とする必要があります。

　「基礎的な知識を広げるべきか，それとも専門的な知識を高めるべきか」という質問を受けることがあります。どちらも重要ですが，学習の初期段階では「基礎的な知識を広げる」ことをおススメします。理由は，知識の幅を広げることで専門的な知識とも結びつき，理解が深まるからです。広い裾野があるほうが，高い山に登りやすくなるのと同じイメージです。

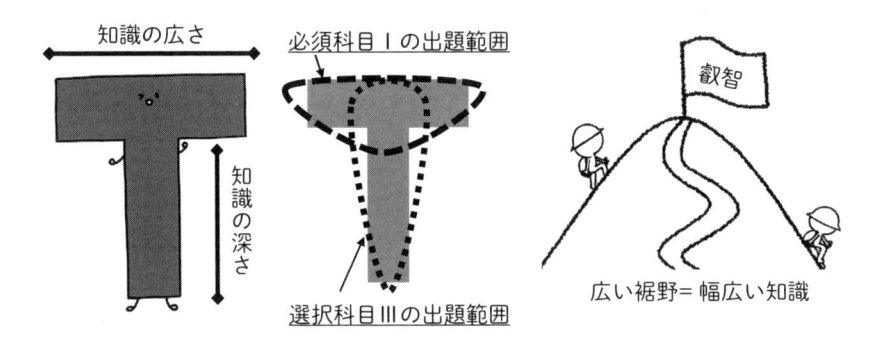

各科目の出題範囲のイメージ

1-3 筆記試験の変遷を知る

　技術士試験は，定期的に改正されてきました。最近であれば，平成25年度と令和元年度（平成31年度）に改正がされています。これらの改正は，文部科学省が技術士に求める資質の変化が反映されており，その変化を基にした改正といえます。

(1) 平成24年度までの筆記試験

　平成19年度から平成24年度までの筆記試験の概要は，次のとおりとなっています。

平成24年度までの筆記試験の概要

試験科目	問題の種類	試験方法	試験時間	配点
必須科目	「技術部門」全般にわたる論理的考察力と課題解決能力	記述式 600字詰用紙 3枚以内	2時間30分	50点
選択科目	「専門科目」に関する専門知識と応用能力	記述式 600字詰用紙 6枚以内	3時間30分	50点
筆記試験合格者	技術的体験論文の提出			

　筆記試験の構成は，必須科目と選択科目のいずれにおいても論文試験でした。しかし，筆記試験の内容は，「～について，あなたの意見を述べよ」といった，現在の試験と比較すると抽象的な出題となっていました。

　また，筆記試験合格者に対して，技術的体験論文（図表等を含め3,000字以内でＡ４用紙2枚以内）を口頭試験前に提出することとなっていました。技術的

体験論文は口頭試験で試問・評価されることからも，現在よりも受験者の負担は大きかったといえます。

(2) 平成25〜30年度までの筆記試験

平成25〜30年度までの筆記試験の概要は次のとおりとなっています。

平成25〜30年度までの筆記試験の概要

試験科目	問題の種類	試験方法	試験時間	配点
必須科目	「技術部門」全般にわたる専門知識	択一式 20問出題 15問解答	1時間30分	30点
選択科目	「専門科目」に関する専門知識と応用能力	記述式 600字詰用紙 4枚以内	2時間	40点
	「選択科目」に関する課題解決能力	記述式 600字詰用紙 3枚以内	2時間	40点

必須科目が択一式のみとなりました。また，技術的体験論文が廃止され，その代わりに受験申込時に提出する業務経歴票を見直すこととなりました。この改正では，多くの優秀な技術者の技術士資格の取得を促し，技術士制度のさらなる普及・拡大を図ることを目的とされており，実際，技術的体験論文が廃止されたことにより，特に若い技術者の負担が大きく減ったといえます。結果として，合格者の平均年齢が高くなる傾向であったのを止めることにもつながっています。

(3) 令和元年度以降の筆記試験

筆記試験は，令和元年度以降，現在の形となりました。試験の概要は 1-2 の

冒頭のとおりですが，令和元年の改正において必須科目が記述式となり，選択科目の1枚論文が，4題のうち2題選ぶ方式から，4題のうち1題のみを選ぶ方式となりました。改正に伴う基本的な考え方は，次のとおりとなっています。

【基本的な考え方】

　技術者は，高等教育機関等卒業後，民間企業，公務員，コンサルタント等において，専門の技術分野に関する一定の基礎的学識や技術者倫理などを有しながら，様々な技術問題を解決できる技術者として日々研さんを積んでいる。実務経験を重ねる中で，専門的見識を兼ね備えて，両者を融合させた高等の専門的応用能力に基づき，様々な次元・性格の技術的問題に対応しなければならない。

　国際エンジニアリング連合（IEA）が定めている「エンジニア」に相当する技術者は，資格取得段階において，複合的なエンジニアリング問題を技術的に解決できることが求められている。複合的な問題とは，広範囲な又は相対立する問題を含み，その問題を把握する時点において明白な解決策がなく，様々な面において重大な結果をもたらすものである。よって「エンジニア」は問題の本質を明確にし調査・分析することによって，創造的思考を通じて，その解決策を導出（提案）しなければならない。

　技術士資格は，国際的通用性を確保するとともに，上記「エンジニア」を目指す技術者が取得するにふさわしい資格であるため，IEAの「専門職として身に付けるべき知識・能力」（PC）を踏まえて策定された「技術士に求められる資質能力（コンピテンシー）（平成26年3月7日技術士分科会）」（「技術士コンピテンシー」）を念頭に置きながら，第二次試験の在り方を見直した結果，以下とする。

1．試験の目的

　複合的なエンジニアリング問題を技術的に解決することが求められる技術者が，問題の本質を明確にし調査・分析することによってその解決策を導出し遂行できる能力を確認することを目的とする。

　　出典：今後の第二次試験の在り方について（H28.12.22）別紙5［文部科学省］

「コンピテンシーを念頭に置きながら第二次試験の在り方が見直されたこと」「複合的なエンジニアリング問題を技術的に解決することが求められる技術者の能力を確認すること」などが主な改正点となっています。

国際的に活躍できる技術者を選定する指標として，評価基準がコンピテンシーに基づき統一されたことで，論文試験で解答すべき内容がより明確になりました。これにより，受験者にとっては道しるべを得られた形となり，試験委員にとっては判断基準となる指標が示されたといえます。

　一方，複合的なエンジニアリング問題を技術的に解決することが求められており，すべての筆記試験において論文試験が適用されています。特に，最近の建設部門の試験問題を見ると，科目によっては年々問題文が長文化する傾向が見られます。このことから，技術士には問題の本質を明確にするための基礎的な力として，読解力も求められているといえます。問題の本質から外れてしまえば，解決に至る道はさらに遠のいてしまいます。それだけに，技術士として問題の本質を捉え，正確に分析する力がますます重要となっています。

　技術士試験の改正は，単なる試験の効率化を目的としたものではありません。その時代のニーズに応じた技術士を輩出するため，文部科学省の技術士分科会で多くの議論が重ねられた結果です。

　技術士は，その時代に求められる能力を備え，社会全体に対して信頼性の高い技術的解決策を提供する責務を担っています。そのため，技術士試験は単なる知識の確認に留まらず，実際の技術的課題を解決できる能力を総合的に測る場となっています。

> ▶筆記試験の変遷を知ることにより，求められる能力が何かを見出すことができます。また，試験委員について知ることも大切です。試験委員については，学習法編参照。

1-4 建設部門の技術者としての技術士試験

　建設部門の技術者としてキャリアを築くためには，技術的なスキルの向上だけでなく，資格取得や実務経験を通じた多角的な成長が求められます。その中で技術士試験は，技術者としての知識と経験を証明する重要な資格であり，キャリアアップにおいて重要な一歩です。ここでは，建設部門の技術者が取るべきキャリアステップの具体例について解説し，資格取得や役割の進展をどのようにキャリアに活かすかを説明します。

(1) 文部科学省資料

　文部科学省の技術士分科会の資料の中に，次のような記載があります。

> 　技術者が業務を履行するために，技術ごとの専門的な業務の性格・内容，業務上の立場は様々であるものの，（遅くとも）35歳程度の技術者が，技術士資格の取得を通じて，実務経験に基づく専門的学識及び高等の専門的応用能力を有し，かつ，豊かな創造性を持って複合的な問題を明確にして解決できる技術者（技術士）として活躍することが期待される。

出典:「技術士に求められる資質能力（コンピテンシー）」(R5.1.25)　[文部科学省]

　「（遅くとも）35歳程度の技術者」に対して，技術士資格を取得することが期待されています。

　35歳であれば，グループのリーダーであったり数名の部下のいるポジションであったりする人が多いと思います。一方，この時期は，プライベートの多忙な時期と重なりやすく，自由に使える時間が少ない場合が多いです。

　一方，ここ最近の受験者の平均年齢は42歳前後であるものの，20代，30代の受験者数は増加傾向にあります。技術士資格を早期に意識する方が増えてきていることが想像されます。技術士の受験資格の一つである7年（短縮で4年）

を超える実務経験年数となるタイミング（20代後半から30代前半）には受験を意識し，早めに受験することをおススメします。

(2)　土木技術者区分ガイドライン

　建設部門の技術者のキャリアステップの参考の一つとして，土木学会が土木技術者区分ガイドラインというものを公表しています。これは，土木技術者の成長段階を明確にし，技術士資格の位置づけを示す重要な指針となっています。このガイドラインは，土木技術者の生涯にわたるキャリア形成を6つのグレードに分類し，各段階における技術者像や求められる能力を詳細に定義しています。

　このガイドラインの中で，技術士資格は，グレード3，グレード4の「1級土木技術者」の分類の中に位置づけられており，技術士分科会の資料と同様に年齢の目安が「35歳〜」となっています。また，技術士総合技術監理部門については「45歳〜」と明記されています。

　技術者の具体例（肩書例）の欄には，具体的なポジションも明示されていることから，将来的なステップアップを見据えた資格の位置づけもわかりやすくなっています。会社の役職と一致していない場合もあると思いますが，ご自身が5年後，10年後に目指しているポジションに対して，資格や実務経験年数がどのように関連しているかを是非確認してみてください。

　この土木技術者区分のガイドラインは、土木技術者およびその関係者に、土木技術者の生涯を通じたキャリアパスの観点から土木技術者の段階区分（グレード）と土木学会認定土木技術者資格の位置づけをご理解いただくために作成しました。
　土木学会認定土木技術者資格は4つの階層から構成されていますが、実社会における土木技術者の責任と権限や活躍の場も考慮し、6つのグレードに分けています。
　「年齢の目安」、「肩書例」は受験資格を縛るものではなく、あくまでも目安としています。

項目	グレード1	グレード2
技術者像	土木技術に関して一定の基礎的知見を有する土木技術者	土木技術に関する基礎知識を有し、実務経験に基づき担当する任務を遂行できる土木技術者
土木学会認定 土木技術者資格	2級土木技術者	
資格に要求される専門的能力	土木技術者として必要な基礎知識を有し、与えられた任務を遂行する能力	
受験資格	大学院、大学、短期大学専攻科または高等専門学校専攻科に在籍、またはそれらを卒業していること。ただし、資格登録時には、日本技術者教育認定機構（JABEE）の認定プログラムを修了もしくはそれと同等で、1年以上の実務経験年数（大学院在籍も実務経験と見なす）を有していることが必要。	
所要実務経験年数	1年以上	
他の資格との関係	修習技術者、技術士補	
年齢の目安	学卒〜	28歳〜
技術者の具体例 （肩書例）	○国交省：本省、整備局、事務所の担当職	○国交省：本省の係長、整備局の係長、事務所の課長、研究所の研究官など
	○地方自治体：本庁、事務所の主事など	○地方自治体：本庁、事務所の主任など
	○建設系企業（高速道路、鉄道含む） 係、担当職など	○建設系企業（高速道路、鉄道含む） 主任、担当など
	○建設コンサルタント 技師、担当など	○建設コンサルタント 技師、担当、副主任、副主査、係長など
	○教育・研究者：研究員、技術職員など	○教育・研究者：助教、技術職員など

グレード３	グレード４	グレード５	グレード６
高度な専門知識・技量を有し、責任を持って任務を遂行する能力を有する土木技術者	所属する組織において中核的な役割を担い、高度な専門知識・技量を有し、責任を持って任務を遂行する能力を有する土木技術者	複数の専門分野での高度な知識と経験を基に、重要なプロジェクトの責任者として事業を遂行することのできる土木技術者	専門分野における国内でトップレベルの能力に加え、豊富な実務経験と広範な見識を有する、いわば各資格分野で日本を代表する土木技術者
	1級土木技術者	上級土木技術者	特別上級土木技術者
少なくとも１つの専門分野における高度な知識を有し、自己の判断で任務を遂行する能力		複数の専門分野における高度な知識、あるいは少なくとも１つの専門分野における豊富な経験に基づく見識を有し、重要な課題解決に対してリーダーとして任務を遂行する能力	専門分野における高度な知識および豊富な経験に基づく広範な見識により、日本を代表する技術者として土木界さらには社会に対して、多面的に貢献できる能力（※欄外の注を参照のこと）
実務経験年数が7年以上あること（ただし、大学院在籍も実務経験と見なす）。また、責任ある立場で3年以上の経験年数を有していることが必要。		実務経験年数が12年以上あること（ただし、大学院在籍も実務経験と見なす）。また、責任ある立場で5年以上の経験年数を有していることが必要。	以下のすべてを満たす方。・実務経験年数が17年以上あること。・（原則として）上級技術者資格を持っていること。
7年以上		12年以上	17年以上
技術士、RCCM		博士、技術士（総合技術監理部門）	
35歳～	40歳～	45歳～	50歳～
○国交省：本省の課長補佐、整備局の課長、研究所の主任研究官など	○国交省：本省の専門官、整備局の調整官、事務所の所長、研究所の主任研究官・室長など	○国交省：本省の企画官・室長、整備局の部長、事務所の所長、研究所の部長など	○国交省：本省の課長・審議官・局長、整備局の副局長・局長、研究所の研究監・所長など
○地方自治体：本庁の係長、事務所の課長など	○地方自治体：本庁の課長補佐、事務所の課長など	○地方自治体：本庁の課長、事務所長など	○地方自治体：本庁の技監・次長・部長など
○建設系企業（高速道路、鉄道含む）　課長代理、係長、研究所の主任研究員・副主任研究員など	○建設系企業（高速道路、鉄道含む）　課長、研究所の上席研究員・主任研究員など	○建設系企業（高速道路、鉄道含む）　部長・技師長、現場所長・副所長、研究所の室長・上席研究員など	○建設系企業（高速道路、鉄道含む）　役員、部署長・副部署長、大規模現場所長、研究所の所長・副所長など
○建設コンサルタント　主任、主査、課長代理、チームリーダー、担当課長、課長など	○建設コンサルタント　副技師長、主幹、主監、参事、グループ長、グループマネージャー、室長、課長、担当次長、次長、部長代理、担当部長など	○建設コンサルタント　技師長、上席主幹、部長代理、担当部長、部長、副部門長、副事業部長、副支社長、副支店長など	○建設コンサルタント　上席技師長、理事、統括部門長、部門長、事業部長、支社長、支店長、副本部長、本部長など
○教育・研究者：助教、講師など	○教育・研究者：講師、准教授など	○教育・研究者：准教授、教授など	○教育・研究者：教授など

※ 特別上級土木技術者が満たすべき５つの要件（これらの要件を参考に、個々の技術者の特徴を適正に評価する必要がある。）

(1) ［技術者としての倫理観が確立されている］技術者として確固たる倫理観を持ち、技術の行使にあたって常に自己を律する姿勢を堅持できる技術者であること。

(2) ［専門分野における高度な知識・経験を有している］土木界の進歩にとって不可欠な高度な知識や、深い経験を持つ技術者であること。

(3) ［土木に関する幅広い知識を有している］土木に関して、歴史・文化そして国際分野など幅広い知識・見識を持つ技術者であること。

(4) ［組織・プロジェクトを総合的にマネジメントすることができる］多くの技術者によって成り立つ組織を統括でき、プロジェクトを円滑にかつ確実に進めるための総合的な管理運営能力を有する技術者であること。

(5) ［培ってきた技術・経験をもって教育・指導や社会貢献ができる］培ってきた技術・経験により土木界の後進に対して教育・指導ができ、積極的に土木界、社会に貢献できる技術者であること。

出典：土木技術者区分ガイドライン（参考）［土木学会］

(3) 技術士資格を取得する意義

　建設関係の業界の中で，技術士資格は，他の部門と比較しても知名度が高いです。管理職登用や昇職の必要資格としている会社もあり，取得する意義はかなり大きいといえます。取得のメリットとしては，次のことが挙げられます。

- ☑ 技術士有資格者に認められた役職に就くことができる
  - ⇒ その結果，経験値を高めることができる
- ☑ 昇給，昇職につながる
  - ⇒ 給料アップとなる
- ☑ 周りからの見られ方が変わる
  - ⇒ 信頼につながる
- ☑ 転職等に有利
  - ⇒ キャリア形成の幅が広がる
- ☑ 自信がつく
  - ⇒ チャレンジ＆成功の連鎖による相乗効果で成長につながる

2章
論文対策のための分析

2-1 "彼を知り己を知れば百戦殆うからず"

　孫子は，「彼を知り己を知れば百戦殆（あや）うからず」と説いています。相手と自分自身を正確に理解することが勝利の鍵であるとの意味です。技術士試験に合格するためには，自分自身を客観的に把握し，試験の特徴や傾向をしっかりと分析することが重要です。

(1) 自身の "選択科目" を吟味する

　まず，"選択科目" を吟味して決める必要があります。建設部門では，次のとおり11科目に分かれています。

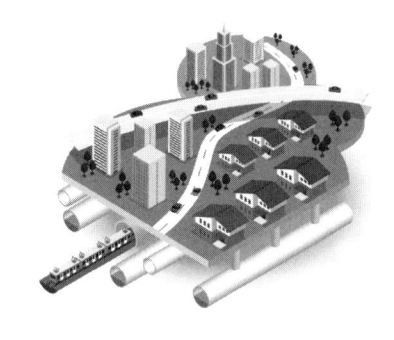

- □ 土質及び基礎
- □ 鋼構造及びコンクリート
- □ 都市及び地方計画
- □ 河川，砂防及び海岸・海洋
- □ 港湾及び空港
- □ 電力土木
- □ 道路
- □ 鉄道
- □ トンネル
- □ 施工計画，施工設備及び積算
- □ 建設環境

　建設部門の11科目は，他の一般部門の平均3科目程度（多くても機械部門の6科目）と比較すると，とても多いといえます。理由の一つとして，平成31年度の改正時，技術士第二次試験の選択科目数が96科目から69科目に適正化されたことがあります。当時の改正において，受験者が少ない部門の統合・廃止が進められたこと，類似性や重複性を適正化したことから，選択科目が大幅に減少することとなりました。しかし，建設部門は受験者数が多いこともあり，改

正による変更がなく11科目のままとなったのです。

　建設部門の11科目の内訳を見ると，ジャンルが異なっているのがわかります。次に示すとおり，大まかに，"計画・設計""基礎技術""管理"に分類することができます。

計画・設計	基礎技術	管理
都市及び地方計画 河川，砂防及び海岸・海洋 港湾及び空港 電力土木 道路 鉄道	土質及び基礎 鋼構造及びコンクリート トンネル	施工計画，施工設備及び積算 建設環境

　これらを業務の観点で見ると，範囲の重なりがあります。例えば，ご自身の業務経歴の主なものが「鉄道土木構造物のメンテナンス」であるとします。これを基に選択科目を決めるとすると，"鉄道""鋼構造及びコンクリート""施工計画，施工設備及び積算"のように複数の選択科目が候補になります。

　当然ながら，"鉄道""鋼構造及びコンクリート""施工計画，施工設備及び積算"では，それぞれの出題内容は全く異なります。そのため，まずはご自身

の業務経歴と関係のある選択科目をすべて挙げ，それらの過去問を見比べて決める必要があります。本書では，4～6章に建設部門の選択科目ごとの出題キーワードを掲載しているので，ご自身に相応しい選択科目を吟味してください。

(2) 自身の"専門とする事項"を掘り下げる

選択科目が決まったら，さらに深く"専門とする事項"を掘り下げましょう。専門とする事項を記載するのは，受験申込書と答案用紙の上部だけであり，さほど重要視しない人もいますが，専門とする事項はとても重要です。なぜなら，その記載内容により，採点委員（筆記・口頭）の属性が変わるかもしれないからです。試験委員のうち，選択科目ごとの作問委員の人数は次のとおりです。

選択科目ごとの作問委員の人数（令和6年度）

選択科目	作問委員の人数
土質及び基礎	12
鋼構造及びコンクリート	18
都市及び地方計画	9
河川，砂防及び海岸・海洋	12
港湾及び空港	7
電力土木	4
道路	6
鉄道	6
トンネル	6
施工計画，施工設備及び積算	17
建設環境	7

出典：技術士分科会（第47回）配付資料（R6.6.26）
「令和6年度技術士試験委員（第二次試験）の推薦時期及び推薦数について」
［文部科学省］

作問委員は採点も担当しています。技術士試験では，同じ選択科目の中に専門の異なる多くの受験者がいて，それに合わせるように複数の採点委員が存在します。もし，専門とする事項を曖昧または適当に記載してしまうと，自分の専門とは異なる集団の中で自分の論文の評価がされるようなミスマッチが発生します。

　そのため，受験申込み案内には次のような記載がされています。

> 専門とする事項は，専門として行っている業務の内容を選択科目表の中の"選択科目の内容"の事項又は同程度の事項を30字以内で簡潔に記入する。

出典：令和6年度 技術士第二次試験受験申込み案内　[日本技術士会]

　受験申込み案内には「選択科目表」が付いており，その中からご自身の業務を選択することができます。選択科目表の中に合致しているものがあれば，それを記載すれば良いです。しかし，選択科目表の中にない場合は，ご自身の職務経歴と選択科目表をいずれも包含する表現とするのが無難です。例えば，前述した「鉄道土木構造物のメンテナンス」の業務経歴で，選択科目を"鋼構造及びコンクリート"として記載する場合は，選択科目表を参考にし，『コンクリート構造物の維持管理』のようになります。

　加えて注意しないといけないのが，長くなりすぎないということです。「30文字以内」と記載がありますが，長くても20文字程度とするほうが良いです。答案用紙に毎回記載する必要があるため，端的に表現するようにしてください。

　建設部門の選択科目表（令和6年度）を次に示します。毎年変わるものではありませんが，修正等がある可能性もあるので，受験申込み案内が公表されたら，それをチェックした上で，記載するようにしてください。

建設部門・選択科目表（令和6年度）

土質及び基礎	土質調査並びに地盤，土構造，基礎及び山留めの計画，設計，施工及び維持管理に関する事項
鋼構造及びコンクリート	鋼構造，コンクリート構造及び複合構造の計画，設計，施工及び維持管理並びに鋼，コンクリートその他の建設材料に関する事項
都市及び地方計画	国土計画，都市計画（土地利用，都市交通施設，公園緑地及び市街地整備を含む），地域計画その他の都市及び地方計画に関する事項
河川，砂防及び海岸・海洋	治水・利水計画，治水・利水施設及び河川構造物の調査，設計，施工及び維持管理，河川情報，砂防その他の河川に関する事項 ／ 地すべり防止に関する事項 ／ 海岸保全計画，海岸施設・海岸及び海洋構造物の調査，設計，施工及び維持管理その他の海岸・海洋に関する事項 ／総合的な土砂管理に関する事項
港湾及び空港	港湾計画，港湾施設・港湾構造物の調査，設計，施工及び維持管理その他の港湾に関する事項 ／ 空港計画，空港施設・空港構造物の調査，設計，施工及び維持管理その他の空港に関する事項
電力土木	電源開発計画，電源開発施設，取放水及び水路構造物その他の電力土木に関する事項
道路	道路計画，道路施設・道路構造物の調査，設計，施工及び維持管理・更新，道路情報その他の道路に関する事項
鉄道	新幹線鉄道，普通鉄道，特殊鉄道等における計画，施設，構造物その他の鉄道に関する事項
トンネル	トンネル，トンネル施設及び地中構造物の計画，調査，設計，施工及び維持管理・更新，トンネル工法その他のトンネルに関する事項
施工計画，施工設備及び積算	施工計画，施工管理，維持管理・更新，施工設備・機械・建設ICTその他の施工に関する事項 ／ 積算及び建設マネジメントに関する事項
建設環境	建設事業における自然環境及び生活環境の保全及び創出並びに環境影響評価に関する事項

出典：令和6年度技術士第二次試験受験申込み案内〔日本技術士会〕

(3) 試験の出題範囲を知る

　試験の出題範囲を知ることも大切です。試験の出題範囲には，「**試験内容の範囲（出題される分野やテーマの範囲）**」と「**時勢の範囲（出題される時期やトレンド）**」の2種類があります。

① 試験内容の範囲（出題される分野やテーマの範囲）

　技術士試験は1958年に第1回試験が実施され，60年以上の歴史があります。その時折のニーズに合わせて改正され，今に至っています。技術士試験には，試験問題を作成する作問委員が存在します。作問委員はその分野のエキスパートの中から毎年選ばれ，選ばれた複数の委員で時間をかけて問題が練られます。

　それでは，作問委員はどのような問題を作ろうとするか，作問委員の立場になって考えてみましょう。

　作問委員は，当然，技術士としての資質を確認するのにふさわしい問題を作成します。また，作成された問題は過去問として蓄積され，試験勉強時に多くの受験者が取り組むことになります。作問委員としては，試験勉強の過程でこれらの知識や考え方を習得することで，受験者の技術者としてのレベル向上を図ることも視野に入れていると考えられます。そのため，些事にこだわったり，意表を突いたりするような出題問題は避け，技術士として今考えるべき基本的かつ現代社会に即した内容を出題にするといえるでしょう。

　したがって，まずは過去問の出題傾向を分析することが，試験対策において重要なステップの一つです。過去問を丹念に分析し取り組むことで，合格レベルに達することができるといっても過言ではありません。詳細については本章内で後述します。

② 時勢の範囲（出題される時期やトレンド）

　前述のとおり，試験内容の範囲は過去問の分析により対策できる一方，当然ですが，最新情報は過去問では分析できません。次の図をご覧ください。

過去問で分析できない範囲のイメージ

　過去問は前年の試験問題が最新のものになるため，試験以降（厳密にいうと前年から今年の試験問題作成時期の間）の情報は反映されていません。そのため，過去問に加えて，最新の情報にも感度を高めておく必要があります。

　最新の情報を入手する方法としては，"白書"と呼ばれる政府の公式文書が出題の参考として用いられることが多いです。しかし，建設部門が参考にすべき国土交通白書が公表されるタイミングは例年6月末頃であるため，白書の情報がいつの期間の情報かを把握した上で，取り組むことが肝要です。例えば，上記の図の2025年試験に向けては，学習期間では国土交通白書2024を活用し，試験直前に国土交通白書2025が公表されれば最終確認に活用するといった配慮が必要です。

　なお，本書では，上記の図の「過去問で分析できない範囲」の情報を，国の政策方針から入手することをオススメしています。詳細は 2-3 で後述します。

2-2 過去問の分析

　過去問の分析や過去問を実際に解くことは，技術士試験合格に向けて最も重要なステップの一つです。過去問を分析して取り組むことで，合格レベルに達するといっても過言ではありません。具体的な分析として，「出題範囲」「出題傾向」「現代社会の変容やニーズ」に注目することが大切です。

(1)　「出題範囲」を洗い出す

　どのような分野が頻繁に出題されるのかを知ることで，重点的に学習する範囲を絞ることができます。これは，科目にもよりますが，まずは過去問5年分を参考にして出題範囲を確認し，ご自身の得意・不得意分野と照らし合わしていくことが必要です。

(2)　「出題傾向」を見極める

　同じような問題でも，年によって論点が変化します。角度を変えた内容でも柔軟に解答できるように，出題の傾向を捉える必要があります。最近の出題傾向を確認するためにも，早速ですが，いくつかの出題を見ていきましょう。解く必要はありませんので雰囲気だけ掴んでください。

　まずは，平成24年度の必須科目の出題です。平成25年度と令和元年度に大きな改正が行われていますので，それより前のものとなります。

　東日本大震災を契機として，あらためて防災・減災対策のあり方が議論されている。建設部門に携わる技術者として，我が国の防災・減災に向けた社会基盤の整備における課題を3つ挙げ，その内容を説明せよ。また，それらの課題に対し，防災・減災に向けた今後の社会基盤の整備を具体的にどのように進めていくべきか，あなたの意見を述べよ。

【H24 建設部門 必須Ⅱ-1】

次に，改正後の直近の出題として，令和元年度と令和6年度のものです。

我が国は，暴風，豪雨，豪雪，洪水，高潮，地震，津波，噴火その他の異常な自然現象に起因する自然災害に繰り返しさいなまれてきた。自然災害への対策については，南海トラフ地震，首都直下地震等が遠くない将来に発生する可能性が高まっていることや，気候変動の影響等により水災害，土砂災害が多発していることから，その重要性がますます高まっている。

こうした状況下で，「強さ」と「しなやかさ」を持った安全・安心な国土・地域・経済社会の構築に向けた「国土強靱化」（ナショナル・レジリエンス）を推進していく必要があることを踏まえて，以下の問いに答えよ。

(1) ハード整備の想定を超える大規模な自然災害に対して安全・安心な国土・地域・経済社会を構築するために，技術者としての立場で多面的な観点から課題を抽出し分析せよ。

(2) (1)で抽出した課題のうち最も重要と考える課題を一つ挙げ，その課題に対する複数の解決策を示せ。

(3) (2)で提示した解決策に共通して新たに生じうるリスクとそれへの対策について述べよ。

(4) (1)～(3)を業務として遂行するに当たり必要となる要件を，技術者としての倫理，社会の持続可能性の観点から述べよ。

【R1 建設部門 必須Ⅰ-2】

我が国では，年始に発生した令和6年能登半島地震を始め，近年，全国各地で大規模な地震災害や風水害等が数多く発生しており，今後も，南海トラフ地震及び首都直下地震等の巨大地震災害や気候変動に伴い激甚化する風水害等の大規模災害の発生が懸念されているが，発災後の復旧・復興対応に対して投入できる人員や予算に限りがある。そのような中，災害対応におけるDX（デジタル・トランスフォーメーション）への期待は高まっており，既に様々な取組が実施されている。

今後，DXを活用することで，インフラや建築物等について，事前の防災・減災対策を効率的かつ効果的に進めていくことに加え，災害発生後に国民の日常生活等が一日も早く取り戻せるようにするため，復旧・復興を効率的かつ効果的に進めていくことが必要不可欠である。

このような状況下において，将来発生しうる大規模災害の発生後の迅速かつ効率的な復旧・復興を念頭において，以下の問いに答えよ

(1) 大規模災害の発生後にインフラや建築物等の復旧・復興までの取組を迅速かつ効率的に進めていけるようにするため，DXを活用していくに当たり，投入できる人員や予算に限りがあることを前提に，技術者としての立場で多面的

な観点から3つ課題を抽出し，それぞれの観点を明記したうえで，課題の内容を示せ。（※）

　（※）解答の際には必ず観点を述べてから課題を示せ。

(2)　前問(1)で抽出した課題のうち，最も重要と考える課題を一つ挙げ，その課題に対する複数の解決策を示せ。

(3)　前問(2)で示したすべての解決策を実行しても新たに生じうるリスクとそれへの対策について，専門技術を踏まえた考えを示せ。

(4)　前問(1)〜(3)を業務として遂行するに当たり，技術者としての倫理，社会の持続性の観点から必要となる要件・留意点を述べよ。

【R6 建設部門 必須 I-2】

これらの問題を見て，お気付きの点はありますでしょうか。

いずれも災害に関するものであり，それぞれの年または前年に東日本大震災や西日本豪雨，能登半島地震といった大規模な自然災害が発生しました。時事を捉えた出題であるものの，出題の仕方が年々変わってきています。

最もわかりやすいのは，文字数が顕著に増え，長文化していることです。平成24年度は約160文字，令和元年度は約480文字，令和6年度は約740文字と，年を追うごとに大幅に増えています。このことから，問題文が年々複雑化していることに加え，文章から本質を掴む読解力もますます必要になってきているといえます。

長文化に伴い，問題を解く際の制約も増えてきています。上記令和6年度の過去問を見ると，次のような設問となっています。

(1)　大規模災害の発生後にインフラや建築物等の復旧・復興までの取組を迅速かつ効率的に進めていけるようにするため，DXを活用していくに当たり，投入できる人員や予算に限りがあることを前提に，技術者としての立場で多面的な観点から3つ課題を抽出し，それぞれの観点を明記したうえで，課題の内容を示せ。（※）

　（※）解答の際には必ず観点を述べてから課題を示せ。

まず，「投入できる人員や予算に限りがあることを前提に」とありますが，これは事業を進めるにあたっては当然のことです。しかし，敢えてこういう書

き方がされていると，「人員」「予算」といった事柄に触れてはいけないと頭を
よぎります。「膨大に人を増やす」「大幅な予算増」といった内容は当然ダメで
ある一方，人材育成や予算配分などについて触れることは問題ありません。技
術者として当然考慮すべき事柄を敢えて記載することで，作問委員と受験者の
間で共通認識を図るためのものです。

　また，「解答の際には必ず観点を述べてから課題を示せ」とあります。前段
には，「観点を明記したうえで，課題の内容を示せ」ともあり，重ねての記載
となります。観点は必ず書かないといけないことに加え，「○○の観点から，
△△が課題である」等のように，観点 ⇒ 課題 の流れで書くことが求められて
います。

　こういった制約は守らないと減点になる可能性が極めて高いため，文章の中
の制約を漏らさず把握するように読み込む必要があります。

(3) 「現代社会の変容やニーズ」を見通す

　技術士試験では，社会的課題や技術動向，法改正など，その年々の現代社会
の変容やニーズに基づいた出題がされます。例として，次の問題をご覧くださ
い。

> 普通鉄道におけるプラットホームの安全性を確保するための技術基準の内容につ
> いて述べよ。
>
> 　　　　　　　　　　　　　　　　　　　　　【R6 鉄道 選択Ⅱ-1-2】
>
> 既設鉄道駅へのホームドア整備に関する技術的課題を3つ挙げ，その対策を述べ
> よ。
>
> 　　　　　　　　　　　　　　　　　　　　　【R5 鉄道 選択Ⅱ-1-2】
>
> 新駅設置を計画するに当たり，線路，配線及びプラットホームに関して考慮すべ
> き技術基準を3つ挙げ，それぞれの内容について簡潔に述べよ。
>
> 　　　　　　　　　　　　　　　　　　　　　【R4 鉄道 選択Ⅱ-1-3】

　3年連続でプラットホーム関連の出題がなされています。この背景としては，

鉄道バリアフリー料金制度が令和3年末に創設され，令和5年春から順次適用されたことに関連していると考えられます。鉄道バリアフリー料金制度では，一部エリアの駅のバリアフリー化（ホームドア，ホームの段差・隙間解消等の整備）を行うために，運賃に料金を上乗せすることができます。こういった背景もあり，試験問題にもタイムリーに反映されているといえます。

このように，過去の出題傾向を把握し，現代社会での変化やニーズと照らし合わせることで，技術者として特に重視すべき事項を抽出し，効果的な試験対策につなげることができます。一方，過去問の中には，社会情勢によらず数年に一度の頻度で出題される基礎的なテーマも見られるため，その周期を確認することも重要です。

こうした出題傾向の分析により，出題者の意図や試験の趣旨を深く理解することができます。

(4) 過去問と予想問題

過去問と似たものに予想問題があります。過去問と全く一緒の問題は出題されないことから，予想問題に最初に取り掛かる人がいます。しかし，これは避けたほうが良いです。なぜなら，過去問は多くの有識者が議論を重ねて作成したものであり，前提文も含めて質の高い出題となっているからです。また，多くの書籍などで解説や解答例が載ることもあるため，ご自身の解答との比較・分析がしやすいです。そのため，予想問題は過去問を一通り終えた後で取り組むほうが効率的です。

技術士試験の過去問は，技術士会のホームページから，古いものも含めて取得することができます。

2-3 国の政策方針の分析

技術士試験は国家資格であり，その試験内容や評価基準は，国の政策や社会的ニーズを反映していることが多いです。その中でも建設部門の業務は公共的な施策と大きく関連しているため，国の政策や社会的ニーズが強く反映されています。特に，必須科目Ⅰと選択科目Ⅲは，国の政策の方向性や社会的ニーズと関連性が高い上，配点が大きいため，入念な準備が必要です。

では，国の政策の方向性や社会的ニーズを捉えるためには，どのようにすれば良いでしょうか。

過去問は出題された年の変容やニーズを捉えていますが，前述のとおり，試験実施年度の最新情報は反映されていません。そのため，過去問以外の方法で最新の現代社会の変容やニーズをタイムリーに取得する必要があります。そこで，国土交通白書を用いて国の方針を把握する前に，さらに上位の方針を押さえておくことをおススメします。理由は，上位の方針になるほど，国全体としての重要施策に絞られるからです。それらを把握する方法としては数々ありますが，効率的に情報を収集できるものとして，国の政策方針である「内閣総理大臣施政方針演説」や「経済財政運営と改革の基本方針」があります。

(1) 国の政策方針と技術士試験の関連性

「内閣総理大臣施政方針演説（以下，施政方針演説)」は，内閣総理大臣が毎年1月頃に行う，その年の内閣全体の基本方針を示す重要な演説です。この演説内容には，その年の政策の方向性や重点課題が含まれており，現代社会が抱える問題がタイムリーに反映されています。「経済財政運営と改革の基本方針」は，"骨太の方針"と呼ばれ，国の重要課題や翌年度予算編成の方向性を示す方針です。毎年6月頃に決定され，国の動きや翌年度の重点施策を知るためにはとても良い情報源です。詳しく説明する前に，各方針と技術士試験の関連性について，次をご覧ください。

第3章　我が国を取り巻く環境変化への対応

2．防災・減災，国土強靱化，東日本大震災等からの復興（防災・減災，国土強靱化）

　（中略）今夏を目途に策定する新たな「国土強靱化基本計画」について，デジタル田園都市国家構想や新たな「国土形成計画」と一体として取組を一層強化する。…（中略）…，次期静止気象衛星等の活用による防災気象情報等の高度化や消防防災分野の DX，防災デジタルプラットフォームの構築，住民支援のためのアプリ開発促進等の防災 DX，防災科学技術の推進による「デジタル等新技術の活用による国土強靱化施策の高度化」，災害ケースマネジメントの促進，災害中間支援組織を含む被災者支援の担い手確保・育成，地域の貴重な文化財を守る防災対策，気象防災アドバイザーや地域防災マネージャーの全国拡充によるタイムライン防災の充実強化，消防団への幅広い住民の入団促進等による消防防災力の拡充・強化等，多様性・公平性・包摂性を意識した「地域における防災力の一層の強化」を新たな施策の柱とし，国土強靱化にデジタルと地域力を最大限いかす。

一　能登半島地震（被災地での所感）

　先日，被災地を訪問し，輪島と珠洲（すず）の避難所に伺いました。大変な御苦労の中，さまざまな不安を抱えておられるとの声をお聞きしました。また，被災者支援や復興に向けて貴重なお話を伺いました。一方，過去の災害対応に比べて，新しい取組がいくつも生まれており，強く印象付けられました。…（中略）…

　これらに共通しているのは，日本人の伝統的な強みである「絆の力」がデジタル，スタートアップ，新たな官民連携，資源循環など新しい要素と組み合わされてパワーアップし，日本の「新たな力」となっている姿です。

　我が国では，年始に発生した令和6年能登半島地震を始め，近年，全国各地で大規模な地震災害や風水害等が数多く発生しており，今後も，南海トラフ地震及び首都直下地震等の巨大地震災害や気候変動に伴い激甚化する風水害等の大規模災害の発生が懸念されているが，発災後の復旧・復興対応に対して投入できる人員や予算に限りがある。そのような中，災害対応における DX（デジタル・トランスフォーメーション）への期待は高まっており，既に様々な取組が実施されている。

　今後，DXを活用することで，インフラや建築物等について，事前の防災・減災対策を効率的かつ効果的に進めていくことに加え，災害発生後に国民の日常生活等が一日も早く取り戻せるようにするため，復旧・復興を効率的かつ効果的に進めていくことが必要不可欠である。

　このような状況下において，将来発生しうる大規模災害の発生後の迅速かつ効率的な復旧・復興を念頭において，以下の問いに答えよ。

第2章 新しい資本主義の加速
5．地域・中小企業の活性化
（「シームレスな拠点連結型国土」の構築と交通の「リ・デザイン」）
　広域的な人口・諸機能の分散と連結強化等を進め，コンパクト・プラス・ネットワークを深化・発展させ，「シームレスな拠点連結型国土」の構築を目指す。地域生活圏の形成等に向け，中心市街地を含む地方都市等の再生や競争力強化，公園の利活用等による人中心のコンパクトな多世代交流まちづくりとその高度化，公共交通施設等のバリアフリー，通学路等の交通安全対策，道の駅の拠点機能強化，自転車等の利用環境の向上等を進めるとともに，戦略的なインフラメンテナンスの取組を加速化する。地域公共交通については，改正法の円滑な施行等あらゆる政策ツールを総動員するとともに，国の執行体制の強化を図る。MaaS等の交通DX・GX，地域経営における連携強化，ローカル鉄道の再構築，地域の路線バスの活性化など「リ・デザイン」の取組を加速化するとともに，デジタル田園都市国家構想の実現に資する幹線鉄道ネットワークの地域の実情に応じた高機能化・サービスの向上，ラストワンマイルの移動手段であるタクシーや自家用有償旅客運送に関する制度・運用の改善等を通じて，豊かな暮らしのための交通を実現する。
　中枢中核都市等を核とした広域圏の自立的発展と「全国的な回廊ネットワーク」の形成を通じた交流・連携の強化，国際競争力の強化のため，高規格道路，整備新幹線，リニア中央新幹線，港湾等の物流・人流ネットワークの早期整備・活用，航空ネットワークの維持・活性化，モーダルコネクトの強化，造船・海運業等の競争力強化等に取り組む。加えて，基本計画路線及び幹線鉄道ネットワーク等の高機能化等の地域の実情に応じた今後の方向性について調査検討を行う。

六　地方創生（安全・安心，福島復興）
　平時から「安全・安心」を守り抜きます。能登半島地震を含め，激甚化する自然災害を踏まえ，ハード・ソフト両面から，流域治水やインフラ老朽化対策をはじめとする防災・減災，国土強靱化の取組を継続的に進めてまいります。
　また，地域における持続可能なインフラ整備に向けて，官民連携により，流域における総合的な水管理を推進するとともに，空き家・遊休不動産を積極的に活用するスモール・コンセッションなどを推進します。また，資源のリサイクル等を進め，地域での資源循環を強化します。

　国が定める国土形成計画の基本理念として，人口減少や産業その他の社会経済構造の変化に的確に対応し，自立的に発展する地域社会，国際競争力の強化等による活力ある経済社会を実現する国土の形成が掲げられ，成熟社会型の計画として転換が図られている。
　令和5年に定められた第三次国土形成計画では，拠点連結型国土の構築を図ることにより，重層的な圏域の形成を通じて，持続可能な形で機能や役割が発揮される国土構造の実現を目指すことが示された。

この実現のために，国土全体におけるシームレスな連結を強化して全国的なネットワークの形成を図ることに加え，新たな発想からの地域マネジメントの構築を通じて持続可能な生活圏の再構築を図る，という方向性が示されていることを踏まえ，持続可能で暮らしやすい地域社会を実現するための方策について，以下の問いに答えよ。

第3章 内外の環境変化への対応

2．防災・減災，国土強靱化の推進，東日本大震災等からの復興（防災・減災，国土強靱化）

　切迫する大規模地震災害，相次ぐ気象災害，火山災害，インフラ老朽化等の国家の危機に打ち勝ち，国民の生命・財産・暮らしを守り，社会の重要な機能を維持するため，「国土強靱化基本計画」に基づき，必要・十分な予算を確保し，自助・共助・公助を適切に組み合わせ，ハード・ソフト一体となった取組を強力に推進する。中長期的な目標の下，取組の更なる加速化・深化のため，追加的に必要となる事業規模等を定めた「防災・減災，国土強靱化のための5か年加速化対策」を推進し，引き続き，災害に屈しない国土づくりを進める。

　また，国土強靱化基本法の施行から10年目を迎える中，これまでの成果や経験をいかし，「5か年加速化対策」後も，中長期的かつ明確な見通しの下，継続的・安定的に国土強靱化の取組を進めていくことの重要性等も勘案して，次期「国土強靱化基本計画」に反映する。

七　災害対応・復興支援

　今年，関東大震災から百年の節目を迎えます。激甚化・頻発化する災害への対応も，先送りのできない重要な課題です。

　五か年加速化対策の着実な推進に加え，中長期的・継続的・安定的に防災・減災，国土強靱化を進めるため，新たな国土強靱化基本計画を策定します。

　今年は1923（大正12）年の関東大震災から100年が経ち，我が国では，その間にも兵庫県南部地震，東北地方太平洋沖地震，熊本地震など巨大地震を多く経験している。これらの災害時には地震による揺れや津波等により，人的被害のみでなく，建築物や社会資本にも大きな被害が生じ復興に多くの時間と費用を要している。そのため，将来発生が想定されている南海トラフ巨大地震，首都直下地震及び日本海溝・千島海溝周辺海溝型地震の被害を最小化するために，国，地方公共団体等ではそれらへの対策計画を立てている。一方で，我が国では少子高齢化が進展する中で限りある建設技術者や対策に要することができる資金の制約があるのが現状である。

　このような状況において，これらの巨大地震に対して地震災害に屈しない強靱な社会の構築を実現するための方策について，以下の問いに答えよ。

第2章　次なる時代をリードする新たな成長の源泉 ～4つの原動力と基盤づくり～

1．グリーン社会の実現（防災・減災，国土強靱化）

　我が国は「2050年カーボンニュートラル」を宣言し，世界の脱炭素を主導し，経済成長の喚起と温暖化防止・生物多様性保全との両立を図り，将来世代への責務を果たす。また，2030年度の温室効果ガス排出削減目標を2013年度比46%減という新たな目標とした。さらに，50%減の高みに向け，挑戦を続ける。この実現に向け，①脱炭素を軸として成長に資する政策を推進する，②再生可能エネルギーの主力電源化を徹底する，③公的部門の先導により必要な財源を確保しながら脱炭素実現を徹底する，という3つの考えの下で推進する。

(1)　グリーン成長戦略による民間投資・イノベーションの喚起

　上記目標の実現に向け，経済と環境の好循環を生み出す脱炭素化を推進するため，「地球温暖化対策計画」や「エネルギー基本計画」を見直す。また，産業構造や経済社会の変革をもたらし，大きな成長と国民生活のメリットにつなげていくため，グリーン成長戦略に基づき，あらゆる政策を総動員し，洋上風力，水素，蓄電池など重点分野の研究開発，設備投資を進める。

四　気候変動問題への対応

（中略）

　同時に，この分野は，世界が注目する成長分野でもあります。二〇五〇年カーボンニュートラル実現には，世界全体で，年間一兆ドルの投資を，二〇三〇年までに四兆ドルに増やすことが必要との試算があります。

　我が国においても，官民が，炭素中立型の経済社会に向けた変革の全体像を共有し，この分野への投資を早急に，少なくとも倍増させ，脱炭素の実現と，新しい時代の成長を生み出すエンジンとしていきます。

　二〇三〇年度四十六%削減，二〇五〇年カーボンニュートラルの目標実現に向け，単に，エネルギー供給構造の変革だけでなく，産業構造，国民の暮らし，そして地域の在り方全般にわたる，経済社会全体の大変革に取り組みます。

　世界の地球温暖化対策目標であるパリ協定の目標を達成するため，日本政府は令和2年10月に，2050年カーボンニュートラルを目指すことを宣言し，新たな削減目標を達成する道筋として，令和3年10月に地球温暖化対策計画を改訂した。また，国土交通省においては，グリーン社会の実現に向けた「国土交通グリーンチャレンジ」を公表するとともに，「国土交通省環境行動計画」を令和3年12月に改定した。

　このように，2050年カーボンニュートラル実現のための取組が加速化している状況を踏まえ，以下の問いに答えよ。

国の示す方針ですので，方針の中に示される建設部門の論点は一部です。しかし，その一部の中にも技術士試験の出題内容が包含されています。そのため，すべて読もうとせず，関係しそうなところや興味のある部分だけを読むようにすれば良いです。

(2)　施政方針演説

施政方針演説は，その先1年間の国の基本方針や政策についての姿勢を示すために行われるための演説です。全国民への演説となるので，わかりやすい文章となっており，大きな負担を感じることなく読むことができると思います。また，技術士試験の問題作成期間は，試験の年の2月から5月頃となります。施政方針演説は，内閣官房が中心となり各省庁の情報と協力を得て作成するとされています。施設方針演説が公表される1月頃の時期を踏まえると，試験問題作成の直前に公表される政府の情報であるため，出題にも関連する可能性があるといえます。しかしながら，骨太の方針と比べるとタイムリーで読みやすい反面，詳細な政策までは言及されません。そのため，より詳しい方針内容を得るために，前年度6月頃に作られる骨太の方針を確認する必要があります。

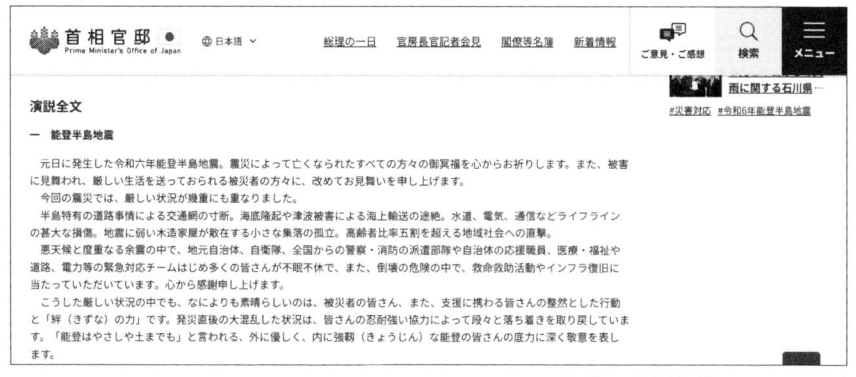

出典：首相官邸ホームページ

(3) 骨太の方針

　骨太の方針は，予算を執行する前年度に作られ，国の目玉施策を列挙したものです。実際は，各省庁の実施したい施策の"やりたいことリスト"のような位置づけであり，この骨太の方針に入るかどうかで，翌年度に予算確保できるかどうかに大きく影響を与えます。そのため，各省庁において目玉となる施策が確実に網羅されています。この骨太方針が発表された後，個別具体的な予算概算要求が始まり，年末の閣議決定，年度末の予算成立に向けた流れにつながります。実際は，単年度で終結する施策は少なく，複数年度にわたる施策が大半のため，前年度の骨太の方針と重複することが多くあります。

　これらのことから，骨太の方針を把握することで，直近の国土交通省が実現したい重点施策を早期に知ることができます。加えて，方針の中に具体的な取り組みが多く書かれているため，それらをより詳しく調べることで，技術士試験の課題・解決策等のキーワードとして利用することもできます。各ページの下部には，キーワードの詳細や参考文献等が記載されているものもあります。

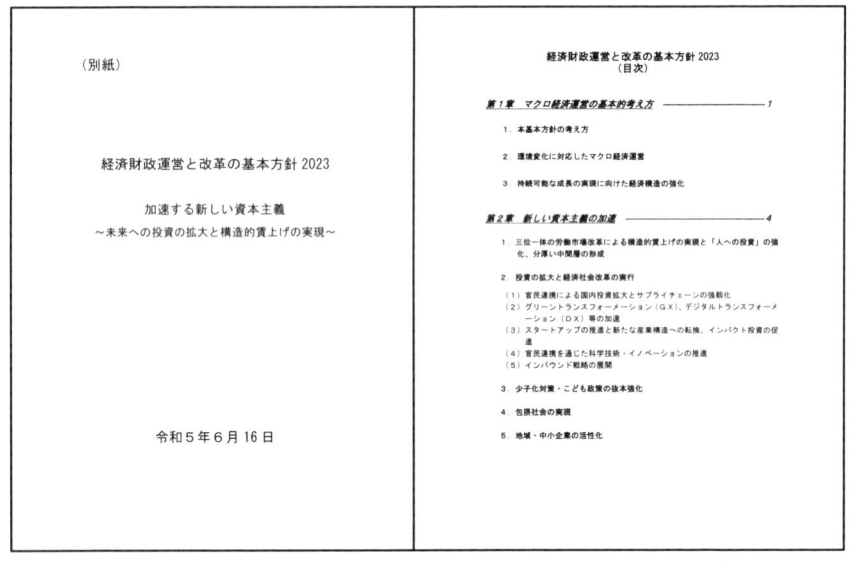

出典:「経済財政運営と改革の基本方針2023について」(R5.6.16)　[内閣府]

(4)　上位の方針を見る意義

　国の政策方針は，現代社会を踏まえて，今後実施すること（継続して実施するもの含む）の方向性が記載されているため，次の図のとおり，技術士試験の過去問で分析できない範囲を補うことができます。

　施政方針演説や骨太の方針に示される建設部門に関する内容は，当然ながら国土交通白書にも記載されています。しかし，国土交通白書は300ページ以上もの重厚な資料です。下記の理由と公表されるタイミングを勘案しても，いきなり国土交通白書で施策ごとに見るのではなく，全体の枠組みの中での建設部門の位置づけを意識して，少しずつ具体的にしていくほうが効果的です。

☑　上位の方針になるほど，特に重点な施策が絞られている。
　⇒　国土交通省が特に力を入れていることが把握できる。
☑　建設部門以外の分野の動きが把握できる。
　⇒　視野を広げることができる。

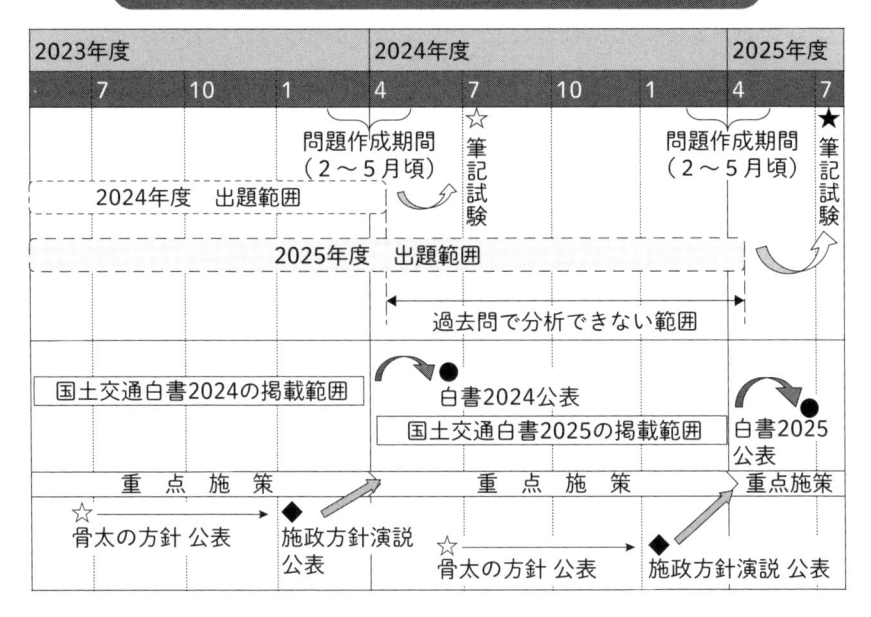

過去問で分析できない範囲のイメージと各文書の公表時期

このように，国の政策方針を事前に把握した上で，国土交通白書等を使って国土交通省の取り組み等を学習すると，ご自身の仕事や専門分野がどのように国の政策と関連しているか，具体的な視点が得られます。

　また，施政方針演説や骨太の方針は，国の方針でもある一方，国際的な方針ともリンクしていたり，ご自身の会社の方針にも直結していたりする可能性もあります。そのため，これらの方針に対する感度を上げることは，国や会社の動きを捉えることに役立ちます。それは，技術開発の方向性やプロジェクトの優先順位といったことにも活かすことができます。技術者として，視野を広げ，ご自身の取り組みにも反映するきっかけにもなりますので，是非，早い段階で読むようにしてください。

　さらに具体的な施策を調べる方法としては，国土交通省の「予算概要」資料を見ることも有用です。コラムとして図や写真を交えてまとまっているため，とても見やすくなっています。さらに，予算概要は各部局（道路局，鉄道局など）にも分かれているため，ご自身の選択科目に関係ある部局の詳細を確認することができます。

　これらの方針資料や予算資料については，次から確認できます。

> 「内閣総理大臣施政方針演説（施政方針演説）」：首相官邸ホームページ
> 「経済財政運営と改革の基本方針（骨太の方針）」：内閣府ホームページ
> 「予算概要」資料　：各省庁ホームページ

2-4 白書等の分析

　白書は，各省庁が編集・発行する刊行物であり，特定の分野に関する現状分析や将来の展望が記されています。技術士試験でも重要な参考資料となるものの，大量にあるテーマを凝縮して作られているため，百科事典のように一覧性を求めて使う位置づけです。一から読み込むのではなく，まずは，過去問で傾向分析し，国全体の方針を施政方針演説や骨太の方針で把握した上で，白書や技術文書等でキーワードの整理を行うことが効果的です。

(1) 白書

　白書が公表されるタイミングは，各省庁によっても異なりますが，概ね6月頃に公表されます。国土交通白書の場合は，毎年6月下旬頃です。技術士第二次試験が毎年7月中旬のため，時期としてはギリギリとなり，勉強に用いるのは前年度の白書が中心になります。ただ，白書には概要としてまとめた資料も併せて公表されるため，当該年度の白書の公表直後に，試験直前の最終確認として用いるのは有効です。

　建設部門の情報源としてメインとなるのは国土交通白書ですが，その他の建設部門に関連する白書としては以下があります。

☑　科学技術・イノベーション白書
☑　観光白書
☑　環境白書
☑　防災白書

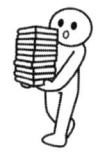

　現在，これらの白書は，各省庁のホームページから入手することが可能です。有料の冊子販売もありますが，データとして入手すれば，無料の上，検索も容易です。

(2) 各省庁の技術文書等

上記のとおり，当該年度の国土交通白書が公表されるのは試験の直前となります。そのため，日頃の情報収集としては，各省庁の技術文書にも感度を高めておく必要があります。技術文書には，文面のほかに概要スライドがある場合が多いので，まずはそれらから押さえていくのが近道です。

最新情報を得るためには，各省庁のホームページで報道発表資料を確認するようにしてください。部門全体に関連する情報と，ご自身の選択科目に関係する部局の情報のみを収集するのが効率的です。頻度も月1回程度のチェックで十分です。最近では，関係省庁がX（旧ツイッター）での情報配信も行っており，感度を高めるのに役立てることができます。メールマガジン登録も無料です（いずれもその省庁に関連する情報が日々来るため，埋もれてしまうことには注意が必要です）。

また，建設部門の情報源としては，（株）日経BPが毎月発行している，「日経コンストラクション」があります。技術士試験に特化した連載記事や，最新の建設関連の情報が入手できます。

(3) 再現論文の活用

キーワードを調べたとしても，論文の中で活用できなければ，あまり意味を成しません。そのため，効率的にキーワードを調べる方法として，合格者の再現論文を活用することがあげられます。

合格者の再現論文にはキーワードが必ず入っており，論文の中における使われ方も確認できるため，効果的にキーワード学習をすることができます。再現論文は，多くの書籍で取り扱っています。本書においても，3～6章の末尾に再現論文を掲載していますので，それらを是非参考にしてください。

2-5 重要キーワード集の作成と効率的な調べ方

　キーワード集の作成は，技術士試験において頻出する用語や概念を定着させるために必要です。ここではキーワード集の効率的な作成と整理の仕方について説明します。

(1) キーワード集の作成は学習中盤から

　キーワード集の作成に取り組むタイミングは，いろいろ意見がありますが，著者は学習中盤のある程度論文に取り組んだ後が適切なタイミングと考えています。理由は，キーワード学習は論文に使えてはじめて役に立つものなので，学習序盤に取り組むと，不要なキーワードを収集したり，キーワード集にまとめた内容が使いにくいといったことが生じたりと，効率が悪くなるためです。論文作成を進めていくうちに，キーワードの重要度もわかってくるため，中盤以降に論文作成と並行して作成していくことをおススメします。

(2) キーワード集は体系的に整理

　やみくもにキーワードを集めるのは効率的ではありません。まずは次のとおり，キーワードを収集した上で，そこから広げていくことが必要です。

$$\boxed{過去問} \Rightarrow \boxed{国の政策方針文書} \Rightarrow \boxed{国土交通白書と技術文書等}$$

① 過去問
　まずは，過去問の分析を行い，頻出のキーワードを抑えます。この時，知っている単語・内容も含めて，押さえるようにしましょう。ExcelやWordで表を作成し，それらをどんどん書き込んでいきます。

② 国の政策方針文書

　次に施政方針演説と骨太の方針を読み，技術士試験と関係しそうな情報のみをピックアップします。特に骨太の方針は，キーワードが盛りだくさんに出てきますので，何度か見直して，都度追加していくようにしてください。ピックアップができたら，過去問の重要キーワードと重複するものは印付けし，過去問と重複しないものは新たに書き加えていきます。また，次のように，上位概念のキーワードから順番に体系的にまとめることにより，知識を関連づけ，記憶にも残りやすくなります。

キーワード集のまとめ方

ジャンル	項目1	項目2	項目3	要点
国土政策 （シームレスな連結）	地域生活圏の作成	公共交通施設等の バリアフリー		・・・
		まちづくりの高度化	建築・都市の DX	・・・
			不動産関係 ベース・レジストリ	・・・
		道の駅の拠点機能強化		・・・
		戦略的なインフラ メンテナンス		・・・
		コンパクトな 多世代交流まちづくり	居住や都市機能の誘導 による適正化	・・・
			都市防災対策等による 都市環境の質的向上	・・・
	地域公共交通	MaaS等の交通 DX・GX		・・・
		改正法の円滑な施行	地域公共交通の… 令和5年法律第18号	・・・
		地域経営における連携強化		・・・
		ローカル鉄道の再構築	上下分離	
			地方自治体との連携	・・・
		地域の路線バスの活性化，		
		「リ・デザイン」		・・・
		幹線鉄道ネットワークの高 機能化・サービス向上		・・・
		ラストワンマイルの改善		・・・
・・・	・・・			・・・

　要点については，国土交通白書や技術文書等を用いて調査していきます。要点として整理する内容は，次のとおりです。用語説明のみに留まらずに，次の内容を意識して整理していく必要があります。

- ☑ 概要　　　☑ メカニズム
- ☑ 対策工法　☑ 留意点
- ☑ 課題　　　☑ 解決策

　キーワードによっては，すべてに該当しないものもあるので，必要なものを選んで記載していきます。

　注意点として，調べた情報等をそのまま貼り付けるだけと勘違いしないでください。自分で理解できる言葉に変換しないと意味を成しません。自分の言葉に置き換えることにより，理解度が大幅に増します。キーワード集の作成も論文作成と同じで，端的にわかりやすく作ることが大切です。整理しやすく記憶に定着しやすい方法として，次のとおり，ロジックマップを使うようにするのが効果的です。

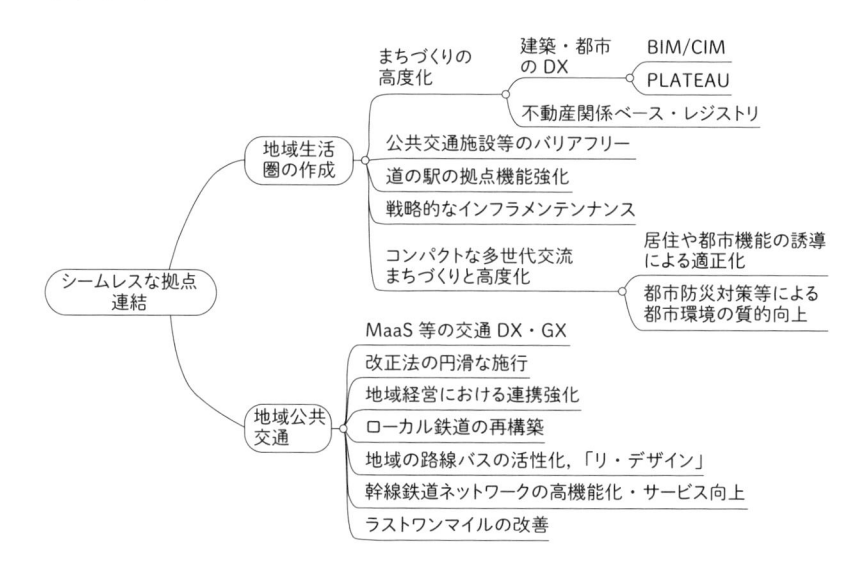

このロジックマップは，過去問の内容を基に，国の政策方針文書のキーワードを結び付けたものになります。ポイントとしては，方針資料に記載のある内容を体系立てて結び付けるようにすることです。そして，次のように，キーワードに要約を追加することで，知識を体系化し，定着させることができます。

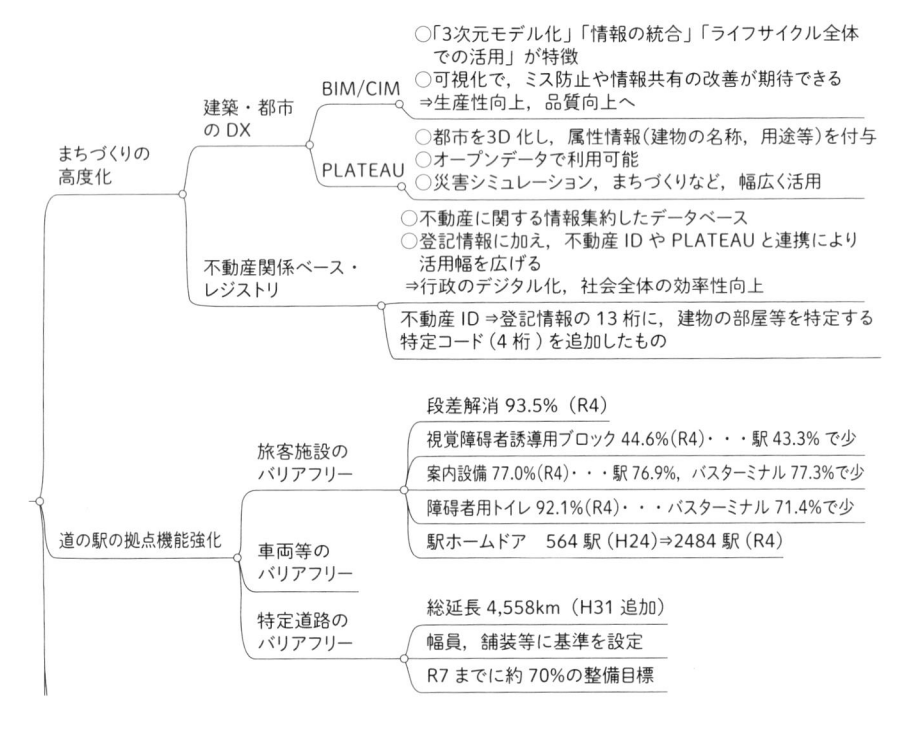

　ロジックマップは，手書きで作成しても，パソコン上で作成してもどちらでも問題ありません。パソコン上で作成する場合は，「mind meister」のような無料ツールを使用すると作成しやすく，後で付け加えていくことも容易となります。

　キーワードの詳細情報を収集するにあたっては，白書の中を検索するよりも，国土交通省等の発信している技術文書のほうが詳しく理解しやすいことが多いです。写真やイメージ図，取り組み例が豊富であることも多いため，詳細に調べるときは，積極的に各省庁の技術文書等に触れることをおススメします。

「国交省　i-Construction2.0」のように省庁名とキーワードでインターネット検索すれば，各省庁が出している資料にも容易にたどり着くことができます。

　一方，専門技術用語について，特に選択科目Ⅱ-1では概要やメカニズム等が出題されることがあります。これらを調べる場合は，インターネットに留まらず，専門技術書も用いるようにしてください。インターネットでも情報は豊富にありますが，信憑性のない情報があるのも事実です。採点委員も，専門技術書の内容を基に解答をチェックしていると想定されます。

　キーワードを調べる中で，さらにわからないキーワードも出てきます。そういったものを追加していくことで知識の幅が拡大していきます。

(3)　生成 AI「Perplexity」の活用

　ここ数年，AI技術の進化に伴い，生成 AIが注目を集め，さまざまな分野での活用が期待されています。その中でも，キーワード集の作成に有効なツールとして，「Perplexity」があります。

　Perplexityは，Perplexity AIにより2022年に公開された AIチャットボット型の検索エンジンです。生成 AIで有名なものには「ChatGPT」がありますが，ChatGPTが事前に学習した情報を基に文章を生成するのに対して，Perplexityはインターネット情報をリアルタイムで検索した上で，最新の情報を用いて解答を生成する点が異なります。また，解答文中に根拠となる情報源を引用してくれます。

　例えば，Perplexityを用いて，「i-Construction2.0の概要」について質問したときの解答は，次のとおりです。

　i-Construction2.0は2024年4月に公表されたため，検索をしている2024年12月時点では新しい情報です。過去の情報を基に文章を生成する「ChatGPT」等に聞いても，施策とは異なる情報を生成します。一方，Perplexityは，タイムリーなインターネット情報を情報源としているのに加え，引用元もあるため容易に適切な情報にたどり着くことができます。

i-Construction2.0は，国土交通省が2024年4月に発表した建設現場の生産性向上と省人化を目指す新たな取り組みです。主な特徴は以下の通りです：

1.目標設定：
2040年度までに建設現場の省人化を少なくとも3割（生産性を1.5倍以上）向上させることを目指しています。

2.重点施策：
- 施工のオートメーション化
- データ連携のオートメーション化
- 施工管理のオートメーション化

3.デジタル技術の活用拡大：
BIM/CIMの原則適用やデジタルツインの導入など，建設生産プロセス全体でのデジタル技術活用を促進します。

4.中小建設業支援：
地域のインフラ整備やメンテナンスを担う中小建設業のデジタル化を支援します。

5.データ活用の推進：
PLATEAUや DXデータセンター，ICTPFなどのプラットフォームを活用し，建設データの効果的な利用を促進します。

6.新技術開発の推進：
国や民間企業による新たな技術開発を推進し，建設現場の効率化と高度化を図ります。

7.働き方改革：
少ない人数で，安全に，快適な環境で働く生産性の高い建設現場の実現を目指します。

i-Construction2.0は，従来の i-Constructionの取り組みを加速させ，特に建設現場のオートメーション化に重点を置いています。これにより，労働力不足の解消や作業の効率化，安全性の向上などが期待されています。

もう一つ，Perplexityは，過去実施されていた択一試験に対する正解率が極めて高いです。総合技術監理部門の択一問題（令和6年度，図表等のある問いは除く）に対して，問題文をそのまま Perplexity（無料版）に入力したところ，正解率が95％以上となりました。また，一般部門の過去問（平成29・30年度，

建設部門）に対しては，正解率80％となりました。5年以上前の出題のため，問題によってはデータが検索できないものや法改正で間違えていたものもありますが，十分な正解率に思えます。なお，同様のことをChatGPTですると正解率が低下することから，情報の収集にはPerplexityが向いているといえます。

さらに，択一試験の過去問をキーワード学習の材料として利用するのも効果的です。一般部門の択一試験は平成30年度までであり，5年以上前の情報であるため内容が古いといえますが，Perplexityでは"択一試験の過去問を現在の情報に更新する"といったことが可能です。出題傾向をそのままにして情報のみ更新することを，一瞬で実施してくれます。

このように，使い方次第では大きな武器となります。無料版と有料版がありますが，無料版でも十分な検索能力があります。

2-6 コンピテンシーの分析

　ここまで，出題内容についての分析の仕方を説明してきましたが，解答に求められる内容についても分析する必要があります。"求められる＝評価項目"であり，現在の試験においては，"技術士に求められる資質能力（コンピテンシー）"がそれにあたります。令和元年度以降の技術士試験は，"技術士に求められる資質能力（コンピテンシー）"がより重視されています。理由は，次のとおり，受験申込み案内に記載されています。

> 　令和元年度より「技術士に求められる資質能力（コンピテンシー）」を受験者が確実に修得していることを確認することを目的に改訂されています。制度改正の趣旨を踏まえ，すべての試験科目の評価項目がそれぞれ定められており，それらの評価項目に基づいて判定し得るように実施します。

出典：令和6年度 技術士第二次試験受験申込み案内　［日本技術士会］

　「コンピテンシーを受験者が確実に修得していることを確認することを目的に改訂されています」と明記されており，コンピテンシーを意識した対策は避けて通ることはできません。

　また，各設問においても，求められるコンピテンシーが書かれています。例えば，「1-2【建設部門】筆記試験の概要」に掲載している表を見ると，選択科目Ⅱ-1の評価項目欄には「技術士に求められる資質能力（コンピテンシー）のうち，専門的学識，コミュニケーションの各項目」と書かれています。出題に対して評価されるコンピテンシーを把握することにより，必須科目，選択科目のそれぞれにおいて，採点委員が求めているものに応えることができるようになります。

　各試験の出題とコンピテンシーの関係について，次に示します。見ていただくとわかるように，筆記試験では，すべてにおいて「専門的学識」と「コミュニケーション」が該当しています。つまりは，専門知識を理解し，明確かつ効

果的に文章で表現することが，筆記試験のどの科目にも求められています。各章にて詳しく説明しますが，明確な評価項目があることから，コンピテンシーを何度も見て意識することで，確実に点数アップにつながるといえます。

各試験の出題とコンピテンシーの関係性

コンピテンシー	筆記試験				口頭試験
	必須科目 I	選択科目			
		II－1	II－2	III	
専門的学識	○ （基本知識理解）	○ （基本知識理解） （基本理解レベル）	○ （基本知識理解） （基本理解レベル）	○ （基本知識理解）	
問題解決	○ （課題抽出） （方策提起）			○ （課題抽出） （方策提起）	
マネジメント			○ （業務遂行手順）		○
評価	○ （新たなリスク）			○ （新たなリスク）	○
コミュニケーション	○ （的確表現）	○ （的確表現）	○ （的確表現）	○ （的確表現）	○
リーダーシップ			○ （関係者調整）		○
技術者倫理	○ （社会的認識）				○
継続研さん					○

出典：技術士分科会試験部会（第28回）配付資料（H30.11.6）「試験科目別確認項目」
［文部科学省］

コンピテンシーは，平成26年3月に文科省によって定められ，令和5年1月に改訂されています。改訂版コンピテンシーでは，若干の文言の追加等があります。一方，技術士試験への影響については，改訂された内容が全体として改

訂前のものにも包含されるため，周知期間等を考慮し，令和8年度の試験から反映されることとなっています。

　本書では，令和7年度試験を考慮し，最新の考え方を参考にしながら，従来のコンピテンシーをベースに記載しています。

　技術の高度化，統合化や経済社会のグローバル化等に伴い，技術者に求められる資質能力はますます高度化，多様化し，国際的な同等性を備えることも重要になっている。

　技術者が業務を履行するために，技術ごとの専門的な業務の性格・内容，業務上の立場は様々であるものの，（遅くとも）35歳程度の技術者が，技術士資格の取得を通じて，実務経験に基づく専門的学識及び高等の専門的応用能力を有し，かつ，豊かな創造性を持って複合的な問題を明確にして解決できる技術者（技術士）として活躍することが期待される。

　技術士に求められる資質能力（コンピテンシー）については，国際エンジニアリング連合（IEA）が定める「修了生としての知識・能力（GA; Graduate Attributes）と専門職としてのコンピテンシー（PC; Professional Competencies）」に準拠することが求められている。2021年6月にIEAにより「GA&PCの改訂（第4版）」が行われ，国際連合による持続可能な開発目標（SDGs）や多様性，包摂性等，より複雑性を増す世界の動向への対応や，データ・情報技術，新興技術の活用やイノベーションへの対応等が新たに盛り込まれた。

　技術士制度においては，IEAのGA&PCも踏まえ技術士試験やCPD（継続研さん）制度の見直し等を通じ，我が国の技術士が国際的にも通用し活躍できる資格となるよう不断の制度改革を進めている。

　このたびの「GA&PCの改訂（第4版）」を踏まえた「技術士に求められる資質能力（コンピテンシー）」をキーワードに挙げて以下に示す。これらは，SDGsの達成やSociety5.0の実現に向けた科学技術・イノベーションの推進において更に大きな役割を果たすため，技術士であれば最低限備えるべき資質能力であり，今後も本分科会における制度検討を通じて，技術士制度に反映していくことが求められる。

出典：技術士に求められる資質能力（コンピテンシー）R5.1.25［文部科学省］

　このように，日本で定める技術士のコンピテンシー（技術士コンピテンシー）は，国際機関のIEAの定める基準（GA& PC）に準拠し，技術士資格が国際的

に通用する資格となるように制定・改訂されています。なお，直近は「GA＆PCの改訂（第4版）」によって，SDGsやイノベーションといった最新の考え方が追加されています。

　技術士コンピテンシーは次のとおりであり，それぞれを詳しく見ていきます。

技術士に求められる資質能力（コンピテンシー）

専門的学識
- 技術士が専門とする技術分野（技術部門）の業務に必要な，技術部門全般にわたる専門知識及び選択科目に関する専門知識を理解し応用すること。
- 技術士の業務に必要な，我が国固有の法令等の制度及び社会・自然条件等に関する専門知識を理解し応用すること。

問題解決
- 業務遂行上直面する複合的な問題に対して，これらの内容を明確にし，調査し，これらの背景に潜在する問題発生要因や制約要因を抽出し分析すること。
- 複合的な問題に関して，相反する要求事項（必要性，機能性，技術的実現性，安全性，経済性等），それらによって及ぼされる影響の重要度を考慮したうえで，複数の選択肢を提起し，これらを踏まえた解決策を合理的に提案し，又は改善すること。

マネジメント
- 業務の計画・実行・検証・是正（変更）等の過程において，品質，コスト，納期及び生産性とリスク対応に関する要求事項，又は成果物（製品，システム，施設，プロジェクト，サービス等）に係る要求事項の特性（必要性，機能性，技術的実現性，安全性，経済性等）を満たすことを目的として，人員・設備・金銭・情報等の資源を配分すること。

評価
- 業務遂行上の各段階における結果，最終的に得られる成果やその波及効果を評価し，次段階や別の業務の改善に資すること。

コミュニケーション

- 業務履行上，口頭や文書等の方法を通じて，雇用者，上司や同僚，クライアントやユーザー等多様な関係者との間で，明確かつ効果的な意思疎通を行うこと。
- 海外における業務に携わる際は，一定の語学力による業務上必要な意思疎通に加え，現地の社会的文化的多様性を理解し関係者との間で可能な限り協調すること。

リーダーシップ

- 業務遂行にあたり，明確なデザインと現場感覚を持ち，多様な関係者の利害等を調整し取りまとめることに努めること。
- 海外における業務に携わる際は，多様な価値観や能力を有する現地関係者とともに，プロジェクト等の事業や業務の遂行に努めること。

技術者倫理

- 業務遂行にあたり，公衆の安全，健康及び福利を最優先に考慮したうえで，社会，文化及び環境に対する影響を予見し，地球環境の保全等，次世代にわたる社会の持続性の確保に努め，技術士としての使命，社会的地位及び職責を自覚し，倫理的に行動すること。
- 業務履行上，関係法令等の制度が求めている事項を遵守すること。
- 業務履行上行う決定に際して，自らの業務及び責任の範囲を明確にし，これらの責任を負うこと。

継続研さん

- 業務履行上必要な知見を深め，技術を修得し資質向上を図るように，十分な継続研さん（CPD）を行うこと。

出典：令和6年度 技術士第二次試験受験申込み案内　［日本技術士会］

専門的学識	問題解決	マネジメント	評価	コミュニケーション	リーダーシップ	技術者倫理	継続研さん

改訂前	改訂後（下線部分：改訂個所） （令和 5 年 1 月 25 日改訂：令和 8 年度より適用予定）
専門的学識 ・技術士が専門とする技術分野（技術部門）の業務に必要な，技術部門全般にわたる専門知識及び選択科目に関する専門知識を理解し応用すること。 ・技術士の業務に必要な，我が国固有の法令等の制度及び社会・自然条件等に関する専門知識を理解し応用すること。	**専門的学識** ・技術士が専門とする技術分野（技術部門）の業務に必要な，技術部門全般にわたる専門知識及び選択科目に関する専門知識を理解し応用すること。 ・技術士の業務に必要な，我が国固有の法令等の制度及び社会・自然条件等に関する専門知識を理解し応用すること。
問題解決 ・業務遂行上直面する複合的な問題に対して，これらの内容を明確にし，調査し，これらの背景に潜在する問題発生要因や制約要因を抽出し分析すること。 ・複合的な問題に関して，相反する要求事項（必要性，機能性，技術的実現性，安全性，経済性等），それらによって及ぼされる影響の重要度を考慮したうえで，複数の選択肢を提起し，これらを踏まえた解決策を合理的に提案し，又は改善すること。	**問題解決** ・業務遂行上直面する複合的な問題に対して，これらの内容を明確にし，<u>必要に応じてデータ・情報技術を活用して定義し</u>，調査し，これらの背景に潜在する問題発生要因や制約要因を抽出し分析すること。 ・複合的な問題に関して，<u>多角的な視点を考慮し，ステークホルダーの意見を取り入れながら</u>，相反する要求事項（必要性，機能性，技術的実現性，安全性，経済性等），それらによって及ぼされる影響の重要度を考慮した上で，複数の選択肢を提起し，これらを踏まえた解決策を合理的に提案し，又は改善すること。
マネジメント ・業務の計画・実行・検証・是正（変更）等の過程において，品質，コスト，納期及び生産性とリスク対応に関する要求事項，又は成果物（製品，システム，施設，プロジェクト，サービス等）に係る要求事項の特性（必要性，機能性，技術的実現性，安全性，経済性等）を満たすことを目的として，人員・設備・金銭・情報等の資源を配分すること。	**マネジメント** ・業務の計画・実行・検証・是正（変更）等の過程において，品質，コスト，納期及び生産性とリスク対応に関する要求事項，又は成果物（製品，システム，施設，プロジェクト，サービス等）に係る要求事項の特性（必要性，機能性，技術的実現性，安全性，経済性等）を満たすことを目的として，人員・設備・金銭・情報等の資源を配分すること。
評価 ・業務遂行上の各段階における結果，最終的に得られる成果やその波及効果を評価し，次段階や別の業務の改善に資すること。	**評価** ・業務遂行上の各段階における結果，最終的に得られる成果やその波及効果を評価し，次段階や別の業務の改善に資すること。
コミュニケーション ・業務履行上，口頭や文書等の方法を通じて，雇用者，上司や同僚，クライアントやユーザー等多様な関係者との間で，明確かつ効果的な意思疎通を行うこと。 ・海外における業務に携わる際は，一定の語学力による業務上必要な意思疎通に加え，現地の社会的文化的多様性を理解し関係者との間で可能な限り協調すること。	**コミュニケーション** ・業務履行上，<u>情報技術を活用し</u>，口頭や文書等の方法を通じて，雇用者，上司や同僚，クライアントやユーザー等多様な関係者との間で，明確かつ<u>包摂的</u>な意思疎通を<u>図り，協働</u>すること。 ・海外における業務に携わる際は，一定の語学力による業務上必要な意思疎通に加え，現地の社会的文化的多様性を理解し関係者との間で可能な限り協調すること。
リーダーシップ ・業務遂行にあたり，明確なデザインと現場感覚を持ち，多様な関係者の利害等を調整し取りまとめることに努めること。 ・海外における業務に携わる際は，多様な価値観や能力を有する現地関係者とともに，プロジェクト等の事業や業務の遂行に努めること。	**リーダーシップ** ・業務遂行にあたり，明確なデザインと現場感覚を持ち，多様な関係者の利害等を調整し取りまとめることに努めること。 ・海外における業務に携わる際は，多様な価値観や能力を有する現地関係者とともに，プロジェクト等の事業や業務の遂行に努めること。
技術者倫理 ・業務遂行にあたり，公衆の安全，健康及び福利を最優先に考慮したうえで，社会，文化及び環境に対する影響を予見し，地球環境の保全等，次世代にわたる社会の持続性の確保に努め，技術士としての使命，社会的地位及び職責を自覚し，倫理的に行動すること。 ・業務履行上，関係法令等の制度が求めている事項を遵守すること。 ・業務履行上行う決定に際して，自らの業務及び責任の範囲を明確にし，これらの責任を負うこと。	**技術者倫理** ・業務遂行にあたり，公衆の安全，健康及び福利を最優先に考慮した上で，社会，<u>経済</u>及び環境に対する影響を予見し，地球環境の保全等，次世代にわたる社会の<u>持続可能な成果の達成を目指し</u>，技術士としての使命，社会的地位及び職責を自覚し，倫理的に行動すること。 ・業務履行上，関係法令等の制度が求めている事項を遵守<u>し，文化的価値を尊重</u>すること。 ・業務履行上行う決定に際して，自らの業務及び責任の範囲を明確にし，これらの責任を負うこと。
継続研さん ・業務履行上必要な知見を深め，技術を修得し資質向上を図るように，十分な継続研さん（CPD）を行うこと。	**継続研さん** ・<u>CPD活動を行い，コンピテンシーを維持・向上させ，新しい技術とともに絶えず変化し続ける仕事の性質に適応する能力を高めること。</u>

出典：技術士分科会試験部会（第42回）配布資料（R6.11.13）［文部科学省］

(1) 専門的学識

専門的学識について，IEAの定めるコンピテンシー（IEA PC）と合わせて説明します。

技術士コンピテンシー（文部科学省）
● 技術士が専門とする技術分野（技術部門）の業務に必要な，技術部門全般にわたる専門知識及び選択科目に関する専門知識を理解し応用すること。 ● 技術士の業務に必要な，我が国固有の法令等の制度及び社会・自然条件等に関する専門知識を理解し応用すること。
IEA PC（GA& PCの改訂（第4版））
普遍的な知識の理解と応用：優れた実践を支える，広く適用されている原則に関する高度な知識を理解し，応用すること 地域に固有の知識の理解と応用：実践に取り組む国・地域に固有の，優れた実践を支え，広く適用されている原則に関する高度な知識を理解し，応用すること

　いずれも大枠の書き方のため抽象的ですが，IEAでは「原則に関する高度な知識」という言葉が使われていることが特徴的です。技術士コンピテンシーの「専門知識を理解し応用すること」の意味としては，単に知識を覚えるだけではなく，"原理・原則や論拠を理解した上で業務遂行に適用する"ことが必要であると解釈できます。

　業務において新しい知識を習得するときは，法令や原理といったことを合わせて習得するとともに，業務のどこに適用できるか（適用できないか）といった視点を持つことが求められます。建設部門の業務においても，ご自身の知っている具体的な場所や設備をイメージし，それらと法令や原理がどう関わっているかを考えることで，知識が定着し，使いこなせるようになります。

　技術士試験においても，単なる専門用語の羅列とするのではなく，法令や原理を意識しながら，文章を構成していくことが必要になります。

(2) 問題解決

問題解決についても同様に説明します。

技術士コンピテンシー（文部科学省）
• 業務遂行上直面する複合的な問題に対して，これらの内容を明確にし，調査し，これらの背景に潜在する問題発生要因や制約要因を抽出し分析すること。 • 複合的な問題に関して，相反する要求事項（必要性，機能性，技術的実現性，安全性，経済性等），それらによって及ぼされる影響の重要度を考慮したうえで，複数の選択肢を提起し，これらを踏まえた解決策を合理的に提案し，又は改善すること。
IEA PC（GA & PCの改訂（第4版））
問題分析：複合的な問題を，必要に応じてデータ・情報技術を活用して定義し，調査し，分析すること 解決策のデザインと立案：複合的な問題に対して，多角的な視点に考慮し，ステークホルダーの意見を取り入れながら，解決策をデザインあるいは立案すること

　いずれにもある"複合的な問題"とは，単に知識の量や質だけでなく，矛盾の多さや分析の難しさ，問題に対する理解の深さ，意見や解決策の対立具合などが組み合わさった複雑な問題を指します。

　これらの複合的な問題を解決するためには，問題の分析により課題を抽出し，解決策を導いていく必要があります。問題解決の一連の流れは次のとおりです。

3.2.1　問題分析

　「問題分析」とは「問題」の背景・要因・原因を明確にし，問題を解決するためになすべき「課題」を適切に設定することである。ここでは，「何が問題であるのか＝問題は何か」を明確にすることが重要である。

　「問題」とは，「あるべき姿（目標・水準）と現状とのギャップ（差異）」と定義し，

$$問題＝目標（水準）値－現状値$$

で表現する。いろいろな角度から背景・要因・原因を調査・分析し，「この問題を解決するための課題」を適切に設定する能力が問題分析能力である。

「あるべき姿」を明確にすることによって，「現状とのギャップ」が認識可能となる。「あるべき姿」は組織内で共有できる場合もあれば，各個人で食い違うこともある。問題を明確にし，分析するためには，関係者間で「あるべき姿」を共有することが重要である。

「問題解決のステップ例」を以下に示す。

① 「問題発見」（問題の明確化：目標値と現状値のギャップ）
② 「問題分析」（背景，要因，原因の調査・分析・整理）
③ 「課題設定」（問題を解決するために為すべき課題を設定）
④ 「対策立案」（課題に対する実施事項の立案，採否・優先順位の決定）
⑤ 「実行計画書の作成」（実施事項の詳細，スケジュール，実施結果の評価基準）
⑥ 「対策実施」（実施，結果の確認）
⑦ 「評価」（結果の効果の評価）→①以降のステップ

②，③のステップに問題分析能力が必要となる。そして，技術士には複合的な問題を明確にし，問題を解決するために，問題分析能力が求められている。

複合的な問題の例

評価値

製品のあるべき姿
（目標値）

あるべき姿と現状のギャップ
（問題A, B, C, …）

製品の現状値

評価項目（例）

| A エネルギー効率（高さ） | B 環境破壊係数（小ささ） | C 製造コスト（安さ） | … |

3.2.2 解決策のデザインおよび開発

　問題を解決するためになすべき「課題」が設定されると，課題に対する実施事項を立案しなければならない。課題解決策の立案にあたっては，公益，文化，倫理，経済，社会，コストなどへの影響を考慮して総合的にデザインし，構成要素と工程を決定する。

　課題解決のためには，類似事例の解決策と評価に関する情報収集を行うことも有効で，これらも参考に種々の解決策を比較検討して最良の解決策を立案する。

出典:修習技術者のための修習ガイドブック −技術士を目指して−　[日本技術士会]

　「問題解決のステップ例」をしっかりと意識した上で，技術士試験でも順序だてて解答する必要があります。特に，「問題」「課題」「解決策」の違いについて混同しがちになりますので，それぞれの定義を明確にしておく必要があります。

【問 題】「あるべき姿（目標・水準）と現状とのギャップ（差異）」
　　　　　または，「目標（水準）値−現状値」

【課 題】"問題"を解決するためになすべきこと

【解決策】"課題"に対して解決するために立案する実施事項

　このように，問題，課題，解決策はそれぞれが関連しています。また，問題 ⇒ 課題 ⇒ 解決策 の流れで問題解決を進めていくことがわかります。それぞれをより理解するためには，具体的な例に置き換えるのがよいので，いくつかの例で考えてみます。

　まず，建設部門の生産性向上について考えます。

> **【例：建設業の生産性向上で考える問題と課題，解決策】**
> - 目標　⇒　労働生産性を他業種と同等とする
> - 現状　⇒　製造業の約半分と低い
> - 「問題」は，上記のギャップのため，"労働生産性の倍増が必要"
> - 「課題」は，労働生産性を倍増させるにあたってなすべきこと
>   例えば，"建設・製造方法を変える""維持管理のムダを減らす""業務の波動を抑える"といったこと
> - 「解決策」は，上記課題のために立案する実施事項
>   例えば，"建設・製造方法を変える"の課題に対しては，「デジタル技術の導入」「プレキャスト製品の標準化」といったこと

続いて，豪雨災害の防止について，同様に考えます。

> **【例：豪雨災害の防止で考える問題と課題，解決策】**
> - 目標　⇒　豪雨災害を防止・軽減する
> - 現状　⇒　災害の激甚化により，被災が発生している
> - 「問題」は，上記のギャップのため，"災害の激甚化に耐えられていない"
> - 「課題」は，災害の激甚化に耐えるにあたってなすべきこと
>   例えば，"流域全体で災害をコントロールする""被災対象を減らす""迅速な復旧体制を構築する"といったこと
> - 「解決策」は，上記課題のために立案する実施事項
>   例えば，"流域全体で災害をコントロールする"の課題に対しては，「ダム再生の推進」「雨水貯留機能の拡大」といったこと

　問題，課題，解決策については，3枚論文の各設問と関連していますので，言葉の定義を勘違いしないように，ご自身の得意分野の身近な問題に置き換えて理解いただければと思います。

(3) マネジメント

マネジメントについて説明します。

技術士コンピテンシー（文部科学省）
• 業務の計画・実行・検証・是正（変更）等の過程において，品質，コスト，納期及び生産性とリスク対応に関する要求事項，又は成果物（製品，システム，施設，プロジェクト，サービス等）に係る要求事項の特性（必要性，機能性，技術的実現性，安全性，経済性等）を満たすことを目的として，人員・設備・金銭・情報等の資源を配分すること。

IEA PC（GA & PCの改訂（第 4 版））
エンジニアリング活動のマネジメント：一つ，ないし複数の複合的な活動について，その一部またはすべてのマネジメントを担うこと 判断：複合的であることを認識し，競合する要求や知識の不完全さに照らして代替案を評価すること。すべての複合的な活動のプロセスにおいて，健全な判断を行うこと

　ドラッカーの「マネジメント論」では，「マネジメントとは人に関わるものである」といった言葉もあり，「人」に対する働きである印象を強く受けます。また，会社によっては，"マネジメント ＝ 業務指導，部下の管理" といった使い方が多くされます。

　しかし，技術士コンピテンシーのマネジメントは若干ニュアンスが異なり，「要求事項の特性を満たすことを目的として，人員・設備・金銭・情報等の資源を配分すること」をマネジメントとしています。つまり，"人・モノ・金・情報の適正配分" です。

　技術士筆記試験では，選択科目Ⅱ－2のみに評価項目として入っており，「業務を進める手順・留意点・工夫点」等の中で，マネジメントをアピールする必要があります。詳細は 5 章で説明しますが，建設現場等の中で，現場の物理的・空間的な制約や限りある工期のもと，人員・設備・金銭・情報等を，健全な判断を持って運用していくことが求められます。

(4) 評価

評価について説明します。

技術士コンピテンシー（文部科学省）
• 業務遂行上の各段階における結果，最終的に得られる成果やその波及効果を評価し，次段階や別の業務の改善に資すること。
IEA PC（GA＆PCの改訂（第4版））
評価：複合的な活動について，成果とインパクトを評価すること

　評価するのは，"結果""成果""波及効果"となります。それぞれの意味は次のとおりです。なお，IEA PCの"インパクト"は，"波及効果"と同義語となります

　"結果"とは，アウトプットのことであり，設計段階では設計図書等，製作段階では製品等のことを指します。結果への評価は，製品等に求められる要求事項の満足度や達成度に対して行います。

　次に"成果"とは，"結果"から発現される便益のことをいいます。成果への評価は，直接的に受益者にもたらす影響と目標に対する達成度で行います。

　最後に，"波及効果"は，"成果"が直接的な範囲を超えて，他の分野や地域，時間的な広がりを持って影響を及ぼすことであり，プラスとマイナスの側面があります。"成果"が直接的な影響であったのに対して，波及効果の評価は，二次的に及ぼす影響を正と負の両面から行います。

　技術士試験においても，目先の結果や利益に留まらず，その先々への影響を見据えることが求められます。その際，利益やリスクといった正と負の両面から評価し，総合的に評価することが大切になります。

(5) コミュニケーション

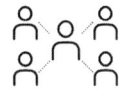

コミュニケーションについて説明します。

技術士コンピテンシー（文部科学省）
●業務履行上，口頭や文書等の方法を通じて，雇用者，上司や同僚，クライアントやユーザー等多様な関係者との間で，明確かつ効果的な意思疎通を行うこと。 ●海外における業務に携わる際は，一定の語学力による業務上必要な意思疎通に加え，現地の社会的文化的多様性を理解し関係者との間で可能な限り協調すること。
IEA PC（GA & PCの改訂（第4版））
<u>コミュニケーションと協働</u>：あらゆる活動のプロセスで，複数メディアを用いて，幅広いステークホルダーと明確かつ包摂的にコミュニケーションを行い，協働すること

　コミュニケーションは，「関係者との間で，明確かつ包摂的な意思疎通を図り，協働すること」です。口頭でのコミュニケーションをイメージしがちですが，「文書等の方法を通じて」もコミュニケーションが求められます。

　技術士筆記試験においては，このコミュニケーションとして，文章作成上での論理的構成力が求められます。論理的構成力と言うと難しく聞こえてしまいますが，伝えたい内容の話の筋が通っていることが重要です。具体的には，文章は端的に，一文に入れる要点は一つに絞った上で，2・3行以内でまとめる必要があります。そして，文章のつながりを意識し，説明に矛盾や不足がないように順序立てて記載しなければなりません。難解な文章を書く必要はありません。相手に伝わり納得してもらうことを意識すると良いです。

(6) リーダーシップ

"リーダーシップ"について説明します。

リーダーシップに関して、IEA PCでは直接言及されていません。一方、「IEA卒業生としての知識・能力（IEA GA）」ではリーダーシップについて規定があるため、それとの比較を次に示します。

技術士コンピテンシー（文部科学省）
• 業務遂行にあたり、明確なデザインと現場感覚を持ち、多様な関係者の利害等を調整し取りまとめることに努めること。 • 海外における業務に携わる際は、多様な価値観や能力を有する現地関係者とともに、プロジェクト等の事業や業務の遂行に努めること。
IEA GA（GA＆PCの改訂（第4版））
個人とチームによる協働作業：個人として、また多様で包摂的なチームの一員やリーダーとして、学際的、対面式、遠隔式や分散型の環境において効果的に役割を果たすこと

　コンピテンシーのリーダーシップには、一般的な"統率"の意味合いよりも、"調整"の意味合いが強くあります。"明確なデザインと現場感覚"つまり"理想と現実"の両方を加味しながら、自らの役割を認識し、目指すべき方向性に向けて調整していくことが求められます。また、IEA GAにあるように、身近なチームだけでなく、多種多様な広義な組織（学際的、遠隔式、分散式）の中でもリーダーシップを発揮する必要があります。

　技術士筆記試験では、選択科目Ⅱ－2のみに評価項目として入っており、「関係者との調整方策」等の中で、リーダーシップをアピールする必要があります。詳細は5章で説明しますが、建設業では調整相手が社内関係者に留まらず、発注者や請負会社、関係行政機関、周辺住民などと多岐にわたるため、多くの調整が発生します。調整するための関係者を漏れなく抽出するとともに優先順位をつけ、事業や業務を目指すべき方向に進めるため、自らの役割を全うしていくことが必要となります。

(7) 技術者倫理

技術者倫理について説明します。

技術士コンピテンシー（文部科学省）
• 業務遂行にあたり，公衆の安全，健康及び福利を最優先に考慮したうえで，社会，文化及び環境に対する影響を予見し，地球環境の保全等，次世代にわたる社会の持続性の確保に努め，技術士としての使命，社会的地位及び職責を自覚し，倫理的に行動すること。 • 業務履行上，関係法令等の制度が求めている事項を遵守すること。 • 業務履行上行う決定に際して，自らの業務及び責任の範囲を明確にし，これらの責任を負うこと。
IEA PC（GA＆PCの改訂（第4版））
社会の保全：複合的な活動について，予測可能な経済的，社会的，環境的影響を認識し，持続可能な成果の達成を目指すこと 倫理：倫理にかなった方法で活動を遂行すること 法律，規制，及び文化：あらゆる活動のプロセスにおいて，法律，規制，文化的要件を満たし，公共の衛生と安全を守ること 決定への責任：複数の複合的な活動の一部，ないしすべてについて，決定を下す責任を負うこと

　倫理とは，社会生活の中で「何が正しいか」「どう行動すべきか」の指針のことです。技術者倫理は，技術者が業務を行う際に守るべき基準や指針のことを指します。具体的には，公共の安全を守ること，誠実な行動をとること，正確な情報を提供すること，環境への配慮を欠かさないことなどが含まれます。特に，建設部門の技術者の判断や行動は，社会や環境に大きく直接的または間接的な影響を与えるため，これらの倫理が重要視されます。

　一方，技術士として「決定への責任」も問われますが，その責任は無限のものではありません。技術士は，事前に関係者との間で，自分の立場及び業務範囲（責任を持つ範囲）を明らかにした上で，その範囲における決定に対して，責任を負わなければなりません 。また，コンピテンシーの中にある「関係法令等の制度が求めている事項を遵守すること」の"事項"の中には，次の"技

術士法の定める義務"と"技術士倫理綱領"が含まれるため，それらをよく確認し，具体的に記載する必要があります。

　技術士筆記試験では，必須科目Ⅰのみに評価項目として入っており，「技術者倫理，社会持続性の観点から必要となる要件・留意点」等の中で，技術者倫理を用いてアピールする必要があります。詳細は7章で説明します。

第四章　技術士等の義務

（信用失墜行為の禁止）
第四十四条　技術士又は技術士補は，技術士若しくは技術士補の信用を傷つけ，又は技術士及び技術士補全体の不名誉となるような行為をしてはならない。

（技術士等の秘密保持義務）
第四十五条　技術士又は技術士補は，正当の理由がなく，その業務に関して知り得た秘密を漏らし，又は盗用してはならない。技術士又は技術士補でなくなつた後においても，同様とする。

（技術士等の公益確保の責務）
第四十五条の二　技術士又は技術士補は，その業務を行うに当たつては，公共の安全，環境の保全その他の公益を害することのないよう努めなければならない。

（技術士の名称表示の場合の義務）
第四十六条　技術士は，その業務に関して技術士の名称を表示するときは，その登録を受けた技術部門を明示してするものとし，登録を受けていない技術部門を表示してはならない。

（技術士補の業務の制限等）
第四十七条　技術士補は，第二条第一項に規定する業務について技術士を補助する場合を除くほか，技術士補の名称を表示して当該業務を行つてはならない。
2　前条の規定は，技術士補がその補助する技術士の業務に関してする技術士補の名称の表示について準用する。

（技術士の資質向上の責務）
第四十七条の二　技術士は，常に，その業務に関して有する知識及び技能の水
　準を向上させ，その他その資質の向上を図るよう努めなければならない。

　　　　　　　　　　　　　　　　　　　　　　　　　　　　　　出典：技術士法

技術士倫理綱領

　　　　　　　　　　　　　昭和36年 3 月14日　　理事会制定
　　　　　　　　　　　　　平成11年 3 月 9 日　　理事会変更承認
　　　　　　　　　　　　　平成23年 3 月17日　　理事会変更承認
　　　　　　　　　　　　　2023年 3 月 8 日　　理事会変更承認

【前文】

　技術士は，科学技術の利用が社会や環境に重大な影響を与えることを十分に
認識し，業務の履行を通して安全で持続可能な社会の実現など，公益の確保に
貢献する。

　技術士は，広く信頼を得てその使命を全うするため，本倫理綱領を遵守し，
品位の向上と技術の研鑽に努め，多角的・国際的な視点に立ちつつ，公正・誠
実を旨として自律的に行動する。

【本文】

（安全・健康・福利の優先）

　1．技術士は，公衆の安全，健康及び福利を最優先する。

　⑴　技術士は，業務において，公衆の安全，健康及び福利を守ることを最
　　優先に対処する。

　⑵　技術士は，業務の履行が公衆の安全，健康や福利を損なう可能性がある
　　場合には，適切にリスクを評価し，履行の妥当性を客観的に検証する。

　⑶　技術士は，業務の履行により公衆の安全，健康や福利が損なわれると
　　判断した場合には，関係者に代替案を提案し，適切な解決を図る。

（持続可能な社会の実現）

　2．技術士は，地球環境の保全等，将来世代にわたって持続可能な社会の実
　　現に貢献する。

(1) 技術士は，持続可能な社会の実現に向けて解決すべき環境・経済・社会の諸課題に積極的に取り組む。
(2) 技術士は，業務の履行が環境・経済・社会に与える負の影響を可能な限り低減する。

（信用の保持）

3．技術士は，品位の向上，信用の保持に努め，専門職にふさわしく行動する。
(1) 技術士は，技術士全体の信用や名誉を傷つけることのないよう，自覚して行動する。
(2) 技術士は，業務において，欺瞞的，恣意的な行為をしない。
(3) 技術士は，利害関係者との間で契約に基づく報酬以外の利益を授受しない。

（有能性の重視）

4．技術士は，自分や協業者の力量が及ぶ範囲で確信の持てる業務に携わる。
(1) 技術士は，その名称を表示するときは，登録を受けた技術部門を明示する。
(2) 技術士は，いかなる業務でも，事前に必要な調査，学習，研究を行う。
(3) 技術士は，業務の履行に必要な場合，適切な力量を有する他の技術士や専門家の助力・協業を求める。

（真実性の確保）

5．技術士は，報告，説明又は発表を，客観的で事実に基づいた情報を用いて行う。
(1) 技術士は，雇用者又は依頼者に対して，業務の実施内容・結果を的確に説明する。
(2) 技術士は，論文，報告書，発表等で成果を報告する際に，捏造・改ざん・盗用や誇張した表現等をしない。
(3) 技術士は，技術的な問題の議論に際し，専門的な見識の範囲で適切に意見を表明する。

（公正かつ誠実な履行）

6．技術士は，公正な分析と判断に基づき，託された業務を誠実に履行する。
(1) 技術士は，履行している業務の目的，実施計画，進捗，想定される結果等について，適宜説明するとともに応分の責任をもつ。
(2) 技術士は，業務の履行に当たり，法令はもとより，契約事項，組織内規則を遵守する。

(3) 技術士は，業務の履行において予想される利益相反の事態については，回避に努めるとともに，関係者にその情報を開示，説明する。

（秘密情報の保護）

7．技術士は，業務上知り得た秘密情報を適切に管理し，定められた範囲でのみ使用する。

(1) 技術士は，業務上知り得た秘密情報を，漏洩や改ざん等が生じないよう，適切に管理する。

(2) 技術士は，これらの秘密情報を法令及び契約に定められた範囲でのみ使用し，正当な理由なく　開示又は転用しない。

（法令等の遵守）

8．技術士は，業務に関わる国・地域の法令等を遵守し，文化を尊重する。

(1) 技術士は，業務に関わる国・地域の法令や各種基準・規格，及び国際条約や議定書，国際規格等を遵守する。

(2) 技術士は，業務に関わる国・地域の社会慣行，生活様式，宗教等の文化を尊重する。

（相互の尊重）

9．技術士は，業務上の関係者と相互に信頼し，相手の立場を尊重して協力する。

(1) 技術士は，共に働く者の安全，健康及び人権を守り，多様性を尊重する。

(2) 技術士は，公正かつ自由な競争の維持に努める。

(3) 技術士は，他の技術士又は技術者の名誉を傷つけ，業務上の権利を侵害したり，業務を妨げたりしない。

（継続研鑽と人材育成）

10．技術士は，専門分野の力量及び技術と社会が接する領域の知識を常に高めるとともに，人材育成に努める。

(1) 技術士は，常に新しい情報に接し，専門分野に係る知識，及び資質能力を向上させる。

(2) 技術士は，専門分野以外の領域に対する理解を深め，専門分野の拡張，視野の拡大を図る。

(3) 技術士は，社会に貢献する技術者の育成に努める。

出典：技術士倫理綱領　［日本技術士会］

(8) 継続研さん

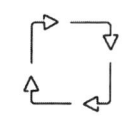

続いて，継続研さんについて説明します。

継続研さんは，技術士筆記試験の評価項目には入っておらず，口頭試験での試問事項となっています。合わせて理解しておくことで，モチベーションの維持につながります。

技術士コンピテンシー（文部科学省）
● 業務履行上必要な知見を深め，技術を修得し資質向上を図るように，十分な継続研さん（CPD）を行うこと。
IEA PC（GA＆PCの改訂（第4版））
継続研鑽（CPD）と生涯学習：CPD活動を行い，コンピテンシーを維持・向上させ，新しい技術と絶えず変化し続ける仕事の性質に適応する能力を高めること

継続研さんはCPD（Continuing Professional Development）と表現されることもあり，生涯にわたり専門的技術能力を維持し，向上させることをいい，技術士になった後にも継続研さんを続けることができる能力と意欲を養うことが求められます。口頭試験前には日々の自己研さんについて整理しておく必要があります。

参考： ● 技術士分科会 制度検討特別委員会（第13回）配付資料（H27.1.23）
　　　　　「IEA-PC，技術士コンピテンシー，段階別判定項目（案）」［文部科学省］
　　　● 技術士分科会 制度検討特別委員会（第13回）配付資料（H26.10.29）
　　　　　「「技術士に求められる資質能力」の解説」［文部科学省］
　　　● Graduate Attributes and Professional Competenciesの翻訳にあたって(R5.4.12)
　　　　　［国立教育政策研究所 Tuningテスト問題バンク IEA GA＆PC翻訳 WG他］
　　　● 修習技術者のための修習ガイドブック −技術士を目指して− ［日本技術士会］

2-7 論文作成の分析① 論文の型

論文を作成するためには，まず基本的な「型」を身に付けることが重要です。決まりきった論文の型というものはないものの，問いかけ方自体が毎年同じような傾向があるため，解答の仕方を決めておけばスムーズに対応することができます。ここでは，共通する基本的事項について解説します（各論文等に対する詳細は 3〜6 章で説明します）。

(1) 問題文ごとに論文の型を準備しておけば心強い

問題文ごとに"論文の型"をあらかじめ用意しておくことで，事前に考える内容を絞り，考えた内容を書き出していくプロセスがスムーズになります。論文の型とは，文章構成，文章量のことです。技術士試験は，設問ごとに毎年同様の出題傾向があります。出題傾向に合わせて論文の型を準備しておけば心強いです。

型どおりにしないと減点になることもありません。3〜6 章では型の一例を示しますが，ご自身で整理しやすい型を構築しても問題ありません。試験本番で，想定していた問いかけ方が異なったとしても，準備していた型を多少変化させることにより，書き方に悩むことが少なくなります。

(2) 原稿用紙をバランスよく使う

原稿用紙の限られたスペースを有効に活用しながら，すべての設問に対して適切な分量の解答をすることが必要です。近年の出題傾向として，一つの出題の中に設問が 3〜4 個設定されている場合が多いです。設問によって，得意・不得意があったとしても，偏った分量での解答は，内容が薄くなった箇所で減点になる可能性があります。各設問の重要性を考慮した上で，適切な文章量を配分することが求められます（具体的な文章量等は，3〜6 章で説明します）。

(3)　問題文の複写や"はじめに"は基本的に不要

　与えられる原稿用紙のスペースは限られています。この限られたスペースを有効に活用するためには，必要な情報だけを簡潔に記載することが重要です。冒頭に，問題文を複写して繰り返したり，"はじめに""おわりに"といった形式的な部分を記載したりすることは，基本的に必要ありません。

　ただし，「○○を明記したうえで以下の問いに答えよ」などと，前提を冒頭に述べる必要がある問題文は，指示に従い，冒頭等に前書きとして記載するようにしてください。

(4)　2種類のタイトル

　タイトルには大きく分けて2種類あります。一つは，「論点型のタイトル」で，もう一つは「項目型のタイトル」です。これらを使い分けることで，論文の内容が設問に沿っているかを判別することができます。

　論点型のタイトルは，例えば，課題を三つ求められた際に，「既存システムのアップデート」「デジタル技術の担い手の育成・確保」「厳しい財政でのDX推進」のように，解答する内容の中で論点となる部分をタイトルとする場合です。設問で"三つ挙げ"や"複数の解決策を"などと記載され，各項が並列している場合には，論点型のタイトルとしたほうがわかりやすくなります。

　項目型のタイトルは，例えば，「概要」「メカニズム」のように，設問内容をそのままタイトルとする場合です。設問で，複数の異なる内容を求められたときは，項目型のタイトルとするのが無難です。

　場合によっては，論点型と項目型を混ぜて解答することもできます。しかし，タイトルが長くなってしまうため，長くなりすぎてタイトルが2行とならないように注意してください。

設問に対するわかりやすいタイトルの例

設問：概要及びメカニズムと抑制対策を述べよ

△ わかりにくいタイトル	◎ わかりやすいタイトル
(1) ○○とは	(1) ○○の概要
(2) 抑制対策1	(2) ○○のメカニズム
(3) 抑制対策2	(3) ○○の抑制対策
⇒設問の解答を，どこに書いているかが わかりづらいです	

設問：課題を3つ述べよ

△ わかりにくいタイトル	◎ わかりやすいタイトル その1
(1) 課題1	(1) 既存システムのアップデート
(2) 課題2	(2) デジタル技術の担い手の育成・確保
(3) 課題3	(3) 厳しい財政でのDX推進
	◎ わかりやすいタイトル その2
⇒課題それぞれに見分けがつかず，タイトルとしてふさわしくありません	(1) 既存システムのアップデート（課題1）
	(2) デジタル技術の担い手の育成・確保（課題2）
	(3) 厳しい財源でのDX推進（課題3）

設問：波及効果，懸念事項，対策を述べよ

△ わかりにくいタイトル	◎ わかりやすいタイトル その1
(1) 就労環境の改善	(1) 波及効果
(2) 現行技術との乖離による実効性低下	(2) 懸念事項
	(3) 対策
(3) 定期的な技術の見直し	◎ わかりやすいタイトル その2
	(1) 波及効果：就労環境の改善
⇒設問の解答を，どこに書いているかがわかりづらいです	(2) 懸念事項：現行技術との乖離による実効性低下
	(3) 対策：定期的な技術の見直し

(5) 論文作成の順序

　論文を書き始めると，何から書いたら良いのかわからず，いきなり躓いてしまうことがあります。論文を書くことは，文書全体を"構成する"，内容を"調査する"，まとめたことを"整理する"といった流れです。"構成する""調査する""整理する"の順に，具体的には次のとおりに行います。

　論文は構成を作ることから始めます。具体的には，問題文を読んで，論点を考え，各項に記載するタイトルを構成します。白紙に項番号とタイトルだけを書き込んでおくと良いです。

【3枚論文でのタイトルの作成例】
　1．生産性向上に向けた課題
　　(1) デジタル技術の導入　(2) 人材の育成　(3) 財源の確保
　2．最も重要な課題と解決策
　　(1) BIM／CIM　　　　　　(2) デジタルプラットフォーム
　3．リスクと対策
　　(1) 点検精度の低下　　　　(2) 情報セキュリティ

　次に，記載する内容について技術調査を行います。具体的には，論点とすべき内容をインターネットや技術文書等を通じて調査します。調査した内容は，論文構成で作ったタイトルの下に追記していきます。なお，調査する中でタイトルや論点を変更しても構いません。論文構成と並行して試行錯誤しながら技術調査を行うことで，方向性が定まってきます。論文構成と技術調査ができれば，論文の中身は8割方できているといっても過言ではありません。

　論文構成と技術調査が終われば，文章整理に移っていきます。論文構成と技術調査が十分にできていればスムーズに書けますが，不十分だと，途中で何度も止まってしまうと思います。その場合は再度，技術調査に戻って論点と情報を整理します。文章を作成して整理するときは，ロジカル接続詞を用いて，前後の文のつながりを意識しながら書いていくようにしましょう。

2-8 論文作成の分析②
論文の完成度を高める

　作成した一つの論文の完成度を高めることが重要です。その理由は，他の異なる問題文にも応用できる場合が多いからです。一つの論文の完成度を高めることが，次の論文作成にもつなげやすくなります。

(1) 何度か見直す，誰かに見てもらう

　論文が完成したら，自分で何度か見直すようにしましょう。もし，論文を誰かに添削指導してもらえるなら，その指導に従って修正論文を作成するようにしましょう。そして，修正論文を見返しながら，文法や表現の修正，数値データの内容など，細部にまで注意を払います。最低限1回は，「①論文作成 ⇒ ②添削 ⇒ ③論文修正 ⇒ ④再確認」のサイクルで見直すようにしてください。

　実は，論文添削講座を受けている受講生の中には，「①論文作成 ⇒ ②添削」まで進めて，添削内容を見るだけのケースがとても多いです。「③論文修正 ⇒ ④再確認」をすることで，記憶の定着を図り，全体的なバランスやつながりに対する違和感に気付くこともできます。納得するまで，一つの論文を完成に近づけていくことが重要です。

(2) しばらく時間が経過した後，また見直す

　でき上がった論文は，廃棄せずにファイル名をわかりやすいものにした上で，必ず保管しておいてください。論文を書き進めるにつれ，必然的にレベルが上がっていきます。しばらく時間が経過した段階で見返すと，違った視点での気付きを得ることができます。

(3) 問題文に触れ合う数が，知識や考えの幅を広げる

　一つの論文ができたら，同じように他の問題にも取り組んでいきます。その際は，過去問の中から一つ目の論文と異なったテーマで自分にとって解答しやすいものを選定すると取り組みやすいと思います。さまざまな問題と触れ合うことで，知識や考えの幅を徐々に広げていくことが肝要です。

(4) ChatGPTを活用してみる

　苦手分野などは，論文を作っても内容に満足できないことがあります。それによって，モチベーションが下がってしまうこともあります。そんな場合は，生成 AIの一つである ChatGPTの活用してみる方法があります。

　ChatGPTは，OpenAIによって開発された AI言語モデルで，事前学習したデータにより自然な会話を生成することができます。ブログ記事やニュース記事，小説など，幅広いタイプの文章を生成する能力を持っており，技術士試験の問題文から論文を作成することもできます。ただし，技術士試験は専門性が高いため，論文作成の精度にはまだまだ課題があります。

　ChatGPTはプロンプトと呼ばれる指示・命令文が重要となります。このプロンプトの内容で，解答の精度が上がります。プロンプトの例を次に示します。

【問題解答のプロンプトの例】

#命令書：
　あなたは，技術士建設部門の優れた技術者です。
　以下の制約条件，入力文を踏まえて，以下の質問に対する解答を出力してください。

#制約条件：
- 文字数は●●字以内
- 国土交通省のデータを踏まえて，重要なキーワードを取り入れる。
- 各タイトルは，本文中の要点とする。

- 常体（である口調）で記述する

#入力文

#質問

　このプロンプトを用いて，令和6年度の建設部門の必須科目Ⅰ-2の問題を入れ込み，ChatGPT（GPT-4o）に解答してもらいました。今回は，設問は一つとしていますが，設問を三つとして解答することもできます。その場合，各設問の文字数を指定しないと，分量のバランスが悪くなってしまいますので，注意が必要です。

【作成したプロンプト（必須科目の問題文を入力）】
#命令書：
　あなたは，技術士建設部門の優れた技術者です。
　以下の制約条件，入力文を踏まえて，以下の質問に対する解答を出力してください。

#制約条件：
- 文字数は600字以内
- 国土交通省のデータを踏まえて，重要なキーワードを取り入れる。
- 各タイトルは，本文中の要点とする。
- 常体（である口調）で記述する。

#入力文
我が国では，年始に発生した令和6年能登半島地震をはじめ，近年，全国各地で大規模な地震災害や風水害等が数多く発生しており，今後も，南海トラフ地震及び首都直下地震等の巨大地震災害や気候変動に伴い激甚化する風水害等の大規模災害の発生が懸念されているが，発災後の復旧・復興対応に対して投入できる人員や予算に限りがある。そのような中，災害対応におけるDX（デジタル・トランスフォーメーション）への期待は高まっており，既に様々な取組が実施されている。

今後，DXを活用することで，インフラや建築物等について，事前の防災・減災対策を効率的かつ効果的に進めていくことに加え，災害発生後に国民の日常生活等が一日も早く取り戻せるようにするため，復旧・復興を効率的かつ効果的に進めていくことが必要不可欠である。

このような状況下において，将来発生しうる大規模災害の発生後の迅速かつ効率的な復旧・復興を念頭において，以下の問いに答えよ。

#質問

(1)　大規模災害の発生後にインフラや建築物等の復旧・復興までの取組を迅速かつ効率的に進めていけるようにするため，DXを活用していくに当たり，投入できる人員や予算に限りがあることを前提に，技術者としての立場で多面的な観点から3つ課題を抽出し，それぞれの観点を明記したうえで，課題の内容を示せ。解答の際には必ず観点を述べてから課題を示せ。

【ChatGPT（GPT-4o）の解答】

観点1：技術的観点　　課題：データ連携と標準化の不足

　災害発生後の復旧・復興では，インフラや建築物の損傷状況を迅速に把握し，対応計画を策定する必要がある。しかし，各自治体や関係機関で使用されるデータ形式やシステムが統一されていない場合，情報の連携が困難となる。この課題は，復旧作業の効率性に大きく影響を及ぼすため，データの標準化と円滑な共有が不可欠である。

観点2：組織的観点　　課題：DX推進に必要な人材の不足

　限られた予算や人員の中でDXを活用するには，IT技術に精通し，かつ建設分野での知識を有する人材が必要である。しかし，現場の技術者の多くがDXに関する知識やスキルを十分に持っていない状況が多い。これにより，DX導入に伴うシステム運用やトラブル対応が遅れる可能性があるため，人材育成が急務である。

観点3：経済的観点　　課題：投資対効果の不確実性

　限られた予算の中でDX関連技術やシステムに多額の投資を行う場合，投資対効果が不透明であることが懸念される。災害の規模や頻度によって必要となる技術やシステムが異なるため，過剰な投資を防ぐ一方で，十分な対応能力を維持するためのバランスが求められる。

技術士試験の解答としては，書き方に不十分な点が多く見受けられますが，参考となるポイントがいくつもあり，文章としても大きな違和感なく読むことができます。何より，この解答は30秒もかからず作成されたものであることから，生成AIを有効活用することは大いにメリットがあります。

　一方，毎回同じ解答をするかというと，毎回若干異なってきます。また，明らかにおかしな内容を生成する場合もあります。そのため，ChatGPT等にすべてを頼って，それを基にして学習していくのは危険です。

　ChatGPT等の使い方としては，ある程度論文作成に慣れた段階で，解答の幅を広げるために使用するのが効果的です。「どういったキーワードを使っているか？」「使える情報はないか？」といった視点で，キーワードを見つけていくようなイメージです。また，繰り返し質問の仕方を変えることで，解答精度を上げていくことも必要です。無料版と有料版がありますが，まずは無料版から試してみると良いと思います。

(5)　論文作成に取り組むペース

　論文作成のペースは，技術士試験の受験者の業務経験や学習理解度，フィードバックを受ける環境などによって大きく異なります。一概にはいえませんが，近年の出題形態であれば，過去問5年程度の出題傾向を見た上で，1枚論文・2枚論文・3枚論文（2種類）の合計4種類に，それぞれ週1回を目安として取り組み始めるのが良いと思います。このペースで様子を見て，習熟度に合わせて増減すると良いでしょう。

　あくまでこの回数は目安であるため，個人の理解度や進捗に応じて調整する必要があります。特に，不得意な出題テーマに対しては，記載内容に十分な実感を得られない場合は，入念に確認するために時間を割き，しっかりと鍛え上げていくことが大切です。

　一方，一つの論文を鍛え上げることと同じくらいに大事なのが，多くの問題文に触れることです。ただ，問題文を見るだけでなく，自分ならどう答えるかを具体的に考える必要があり，それを実践する方法が，"論文構成鍛錬法"です。

2-9 論文作成の分析③ 大量の問題に 次々と取り組む「論文構成鍛錬法」

　技術士試験では，多岐にわたるテーマに対して迅速かつ的確に対応する力が求められます。それらを効率的に身に付ける方法として，論文の構成だけを繰り返し作成しながら，大量の問題に次々と取り組む方法があります。ここでは，"論文構成鍛錬法" と名付け，具体的なやり方を紹介します。

(1) 論文構成鍛錬法

　論文作成には時間と体力が必要になります。論文作成にある程度自信の付いた方は，知識と考えの引き出しを増やしていくことが大切です。そこでおススメするのが，問題文を見て構成と論点などを体系的に整理していくこの方法です。

(2) 論文構成鍛錬法の具体的なやり方

　論文構成鍛錬法は実にシンプルで，論文構成とキーワード・論点を整理するだけです。これにより，論文全体が可視化されます。順序は以下のとおりです。

```
論文構成の作成  ⇒  キーワード・論点の記入
```

① 論文構成の作成
　それでは，実際の過去問を使って，論文の構成を作成していきます。次のとおり，設問ごとに何を答えるかが記載されています。必須Ⅰであれば，設問1が「課題」，設問2が「解決策」，設問3が「リスク・対応策等」，設問4が「技術者倫理，社会持続性」が最近の主流となっています。そのため，設問ごとに解答する項を2〜3個程度と決めておけば，構成を作りやすくなります。

我が国では，技術革新や「新たな日常」の実現など社会経済情勢の激しい変化に対応し，業務そのものや組織，プロセス，組織文化・風土を変革し，競争上の優位性を確立するデジタル・トランスフォーメーション（DX）の推進を図ることが焦眉の急を要する問題となっており，これはインフラ分野においても当てはまるものである。

加えて，インフラ分野ではデジタル社会到来以前に形成された既存の制度・運用が存在する中で，デジタル社会の新たなニーズに的確に対応した施策を一層進めていくことが求められている。

このような状況下，インフラへの国民理解を促進しつつ安全・安心で豊かな生活を実現するため，以下の問いに答えよ。

(1) 社会資本の効率的な整備，維持管理及び利活用に向けてデジタル・トランスフォーメーション（DX）を推進するに当たり，技術者としての立場で多面的な観点から3つ課題を抽出し，それぞれの観点を明記したうえで，課題の内容を示せ。

(2) 前問(1)で抽出した課題のうち，最も重要と考える課題を一つ挙げ，その課題に対する複数の解決策を示せ。

(3) 前問(2)で示したすべての解決策を実行して生じる波及効果と専門技術を踏まえた懸念事項への対応策を示せ。

(4) 前問(1)～(3)を業務として遂行するに当たり，技術者としての倫理，社会の持続性の観点から必要となる要点・留意点を述べよ。

【R5 建設環境 Ⅱ-1-1】

上記の過去問の場合であれば，論点は「社会資本の効率的な整備，維持管理及び利活用に向けてデジタル・トランスフォーメーション（DX）を推進するに当たり」となっており，設問1では課題，設問2では解決策，とつながっています。そのため，それを一番左に端的に記載し，設問1で「3つ課題を」と記載があるため，3つの枝を作って課題を記載します。設問2では「(1) で抽出した課題のうち，最も重要と考える課題を一つ挙げ，」となっているため，課題の一つを選択し，枝を作って複数（2，3個程度）の解決策を記載します。

このような流れで，次の図のように，ロジックツリーにして記載すると，論文構成が体系的に可視化されるため整理しやすくなります。

なお，タイトル等を記載する際に，後で論点やキーワード等を書き込む必要があるので，タイトル同士を離しておいたほうが良いです。

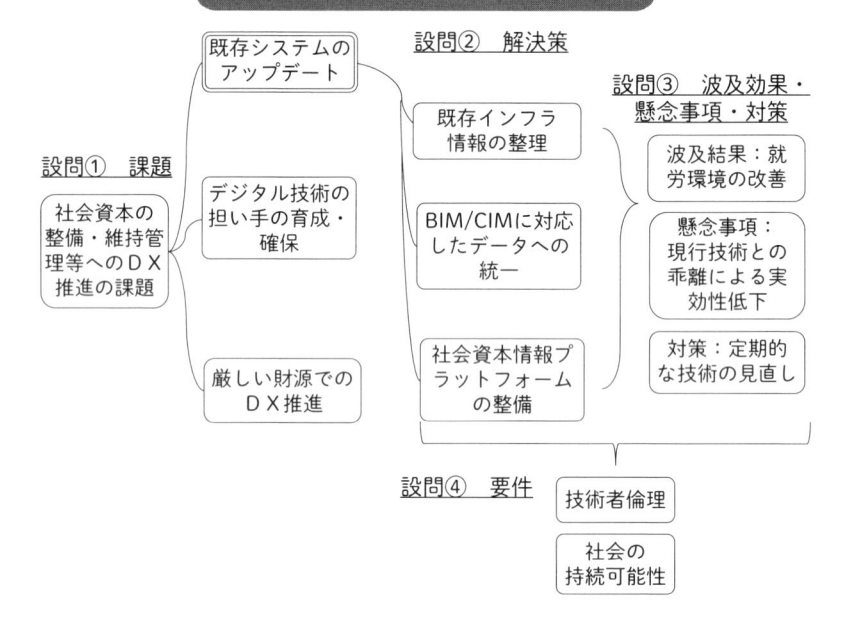

ロジックツリーでの論文構成の作成の例

② キーワード・論点の記入

　論文構成の次は，各タイトルの下に本文に記載するキーワードや論点を記載します。このとき，記載するのは数値データや重要な論点などの必要最小限の情報とします。その情報を見ただけで，何を書くかが想像できれば良いです。多くの情報を書き込みがちになりますが，あくまでも時間をかけずに多くの問題に取り組むための練習だと思って割り切ってください。

　文字とせずに，因果関係のあるものであれば"⇒"としたり，対比する場合は"⇔"としたりすることで，記載内容をシンプルにすることもできます。

　このように整理していくことで，論文の内容が可視化されるため，記憶の定着も良く，後で見返しやすくなります。また，必須科目Ⅰや選択科目Ⅲのように３枚にわたる論文を半ページ程度でまとめるため，論文全体のストーリーが俯瞰しやすくなるメリットもあります。

キーワード・論点の記入

設問① 課題

社会資本の整備・維持管理等へのＤＸ推進の課題

設問② 解決策

既存システムのアップデート

CALS/ECによる電子納品
⇒導入から20年以上経過既存のシステムのブラックボックス化
⇒効率性が低い

デジタル技術の担い手の育成・確保

建設業従事者
55才以上が約3割
⇔29才以下が約1割
デジタル社会による生産性向上⇒デジタルネイティブ減少が懸念

厳しい財源でのＤＸ推進

初期投資や保守費用が大
高齢化社会による社会保障費の大
⇒建設関連への予算確保が困難

これまでの貴重なデータを無駄しない

既存インフラ情報の整理

インフラメンテナンス2.0
統一な電子データに移行
⇒複雑化の解消

BIM/CIMに対応したデータへの統一

構造物や地形の3次元モデル
視覚的・直感的
⇒効率的なデータ管理

社会資本情報プラットフォームの整備

データプラットフォームで集約
⇒分野や組織の横断
⇒検索，閲覧が容易
WEB上で国民理解を促進

設問③ 波及効果・懸念事項・対策

波及効果：就労環境の改善

既存システムのアップデート
⇒生産性向上
⇒就労環境の改善

懸念事項：現行技術との乖離による実効性低下

技術進歩への遅れ
⇒現行技術と乖離し活用されなくなる
例：高精度情報の未活用による土砂区域設定漏れ

対策：定期的な技術の見直し

官民のオープンイノベーション
⇒定期的な仕様や手法の見直し

設問④ 要件

技術者倫理

データ整備の際の改ざん→×
⇒公共の利益を最優先に行動

社会の持続可能性

PDCAサイクルで問題点を抽出
⇒持続可能に機能

本書では，3～6章の各章の末尾に再現論文を掲載していますが，論文全体を可視化するために，論文構成鍛錬法で整理した「論点」も記載しています。論点整理の仕方の参考としてください。

論文構成鍛錬法に取り組む最初は，既に完成している論文を基に取り組んでください。既に完成している論文があれば，重要と思う箇所を抜粋するだけで容易にできると思います。上記では，イメージしやすいようにキーワードをかなり詳しめに記載していますが，実際には自分のみがわかればいいので，もっと省略しても構いません。

実際の原稿用紙に手書きで構成を作ることもでき，その場合，文量のイメージがしやすくなるメリットもあります。原稿用紙に記載する場合も，"章と項の番号""タイトル""キーワード・論点"のみの最小限の情報とします。スペースに余裕ができやすいので，後からキーワード等を追記するのも容易です。

原稿用紙を使った論文構成鍛錬法の例（1／3）

1.	社会資本の整備・維持管理等へのDX推進の課題
（1）	波及効果：就労環境の改善
	CALS/ECによる電子納品
	⇒導入から20年以上経過
	既存のシステムのブラックボックス化
	⇒効率性が低い
（2）	デジタル技術の担い手の育成・確保
	建設業従事者
	55才以上が約3割 ⇔ 29才以下が約1割
	デジタル社会による生産性向上
	⇒デジタルネイティブが少ないことが懸念
（3）	厳しい財源でのDX推進
	初期投資や保守費用が大
	高齢化社会による社会保障費の大
	⇒建設関連への予算確保が困難

原稿用紙を使った論文構成鍛錬法の例（2／3）

```
２．最も重要な課題と解決策
　　これまでの貴重なデータを無駄にしない
　　⇒（１）既存システムのアップデート
（１）既存インフラ情報の整理

　　インフラメンテナンス2.0
　　統一な電子データに移行
　　⇒複雑化の解消


（２）ＢＩＭ／ＣＩＭに対応したデータへの統一

　　構造物や地形の３次元モデル
　　視覚的・直感的
　　⇒効率的なデータ管理


（３）社会資本情報プラットフォームの整備

　　データプラットフォームで集約
　　⇒分野や組織の横断
　　　同種インフラデータを検索，閲覧可能
　　ＷＥＢ上に公開して国民理解を促進
```

3	.		波	及	効	果	と	懸	念	事	項	へ	の	対	策					
（	1	）	波	及	効	果	：	就	労	環	境	の	改	善						
			既	存	シ	ス	テ	ム	の	ア	ッ	プ	デ	ー	ト					
			⇒	生	産	性	向	上												
			⇒	就	労	環	境	の	改	善										
（	2	）	懸	念	事	項	：	現	行	技	術	と	の	乖	離	に	よ	る	実	効	性	低	下
			技	術	進	歩	の	遅	れ											
			⇒	現	行	技	術	と	乖	離	し	活	用	さ	れ	な	く	な	る	
			例	：	高	精	度	情	報	の	未	活	用	に	よ	る	土	砂	区	域	設	定	漏	れ
（	3	）	対	応	策	：	定	期	的	な	技	術	の	見	直	し				
			官	民	の	オ	ー	プ	ン	イ	ノ	ベ	ー	シ	ョ	ン				
			⇒	定	期	的	な	仕	様	や	手	法	の	見	直	し				
4	.		業	務	遂	行	に	お	い	て	必	要	と	な	る	要	件	・	留	意	点
（	1	）	技	術	者	と	し	て	の	倫	理									
			デ	ー	タ	整	備	の	際	の	改	ざ	ん	→	×					
			⇒	公	共	の	利	益	を	最	優	先	に	行	動					
（	2	）	社	会	の	持	続	性												
			PD	CA	サ	イ	ク	ル	で	問	題	点	を	抽	出					
			⇒	社	会	の	持	続	可	能	を	前	提	と	し	た	機	能		

なお，論文構成鍛錬法は，一度取り組んだらそのままにするのではなく，時間をおいてから，必ず見返すことが大切です。見返して，キーワードをさらに修正・補足することで，抜け漏れもなくなっていきます。

　論文構成鍛錬法は，前述の"論文構成"と"技術調査"に特化した練習になります。論文構成と技術調査ができれば，論文の中身は8割方はできています。一方，"文章整理"が苦手な人は，論文構成鍛錬法ではなく，しっかりと論文作成する必要があります。

　論文を最初から最後まで書くと，時間は膨大にかかる一方，このやり方だと15分程度でできるようになります。構成とキーワードができたら，さらに詳細なキーワードを順次追加していけば，論文自体の作成が容易にできるようになります。さらに，この方法を続けることにより，さまざまな問題への対応力が格段に向上します。1問に対して少ない時間でできるため，仕事の昼休みに取り組む方もいらっしゃいます。

　こういった勉強を行っておくと，実際の試験で解いたことのない傾向の問題が出ても，対応しやすくなります。問題文を見て試験会場で考えて答えを導くのでは，浅い解答になってしまったり，時間が足りなくなったりしてしまいます。技術士試験は，事前の準備で合否が大きく左右されます。この論文構成鍛錬法で大量の問題に次々と取り組むことで，盤石な準備が可能となります。

(3)　試験本番も論文を書き始める前に論文構成を

　試験本番では，限られた時間と資料等を調べることができない中，問題文を見て"構成して"，自分の知識や経験から"調査して"，早くきれいに書いて"整理する"必要があります。焦ってすぐに書き出すと，構成することや調査することを疎かにして，書いて整理することばかりに熱中しがちになります。その結果，問題文から逸れてしまったり，適切な解答ができなくなったりする可能性があります。そのためにも，試験開始後に，すぐ書き始めるのではなく，構成を作ることから始める必要があります。

試験が始まれば，まず，問題文を見て重要な箇所に印をつけて読み込み，構成を考えます。そして，問題文の余白などに，論文構成鍛錬法で実施してきた構成やキーワード等をメモします。メモはきれいに整理する必要はなく，10分以内での整理を心がけてください。

　論文を可視化することにより，答案用紙にスムーズに解答を落とし込むことができるようになります。また，各設問に対する文章量のバランスを事前に想定しておくことで，論文終盤で，"マスが余りすぎる""マスが足りない"といったことを防げます。

試験本番の解答パターン

×　失敗する解答パターン

> 書きながら，考える

◎　適切な解答パターン

論文構成	技術調査	文章整理
問題文をよく読み，構成を作る	キーワードや数値データを思い出す	早くきれいに落とし込む

論文構成鍛錬法

3章
選択科目Ⅱ-1 (1枚論文) の戦術

3-1 論文を書き始めよう

それでは早速，実践に移っていきましょう。

まず，技術士試験の論文を作成するにあたっては，受験申込み案内に示された書き方としなければなりません。また，受験申込み案内に記載されていないことは，論文を記載する一般的な流儀に従う必要があります。いずれも基本的な内容ばかりであるものの，それを守れていない論文をよく見かけます。ルールを守ることで，読みやすい論文にもなります。

(1) 通常は1マス1文字，英数字は1マス2文字も可

受験申込み案内には，「1マス1文字」「英数字は1マス2文字を目安」「図表も同様」などと記載されています。マスを無視した場合は，記載にもあるとおり，減点となる可能性があります。ここで，「英数字は1マス2文字を目安」とありますが，"目安"の解釈としては，『i-Construction』のような英単語を主とするものは1マス2文字のほうが見栄えも良くなります。一方，『AI』のような略語については，1マス1文字でも問題ありません。

> 答案用紙は，A4版，片面のみ24字×25行の計600字詰めです。
> 原則として1マス1文字として解答してください。
> なお，英字・数字は1マス2文字を目安としてください。図表を用いて解答する場合も問題に特段の指示がある場合を除き同様とします。
> マスを無視した解答は，減点対象となる場合があります。

出典：令和6年度 技術士第二次試験受験申込み案内　［日本技術士会］

まれに，長いカタカナ単語を，1マス2文字で書かれているものを見かけますが，これはダメです。

図表を記載する場合も同様です。図表になるとマスを無視してコメントを入

れる場合が見受けられます。図表の中の数値等は，現実的に見える大きさであれば一般的に問題ないとされている一方，長いコメント等は図表に入れず，本文に入れたほうがよいでしょう。

(2) 文章の最初は1字下げ

文章を書き始めるときのルールについてですが，文の書き出し及び改行したときには最初の1字を下げるようにしてください。基本的なことにもかかわらず，意外に詰めて書いている人が多いです。実はこれも国の省庁によって，次のように決められたルールです。

> 6 そのほか，次の点に留意する
>   ア 文の書き出しや改行したときには，原則として1字下げする。

出典：公用文作成の考え方（建議）［文化庁］

一方，タイトルと文章を区分するために，原稿用紙の一番左側をすべて1マス空けてインデント（字下げ）しているのを見かけます。字数制限のある試験ですので，これは不要です。

(3) 段落の途中に改行は不要

段落は，文章の中で一つの主題やアイデアをまとめた，文章を読みやすく，理解しやすくするための基本的な単位です。話題が変わる場合は段落を分けて，改行する必要があります。添削をしていると，やみくもに改行を入れている場合が散見されます。特に，「よって，〇〇が課題である」のように，結語の前に改行を入れているケースが見られますが，話題が前文とつながっている場合は改行は不要です。

一方，改行せずに書き続けると，論点が複雑になるため，とても読みにくくなります。長くなっても，7～8行以内で話題をまとめ，改行を入れるように

しましょう。

(4)　文章番号等は土木学会の論文作成要項に従う

　文章番号については，所属している学会の論文作成要項に従うようにしてください。建設部門としては，土木学会の"論文集投稿要項"に準ずるのが無難です（他に学会に所属しているのであれば，その学会の要項に従っても構いません）。文章番号に限らず，論文集投稿要項には具体的な論文の記載方法が詳しく載っているため，論文を書いた経験の少ない方は目を通すようにしてください。

> (7)　文章および章・節・項
> 　章，節，項の見出しの数字は次のように統一する．これ以外の見出しは用いないこと．
> 　1., 2., 3.…………章
> 　(1), (2), (3) …………節
> 　a), b), c) …………項

出典：土木学会論文集投稿要項　[土木学会論文集編集委員会]

　採点委員は，1章で述べたとおり，"必要な学識経験及び実務経験の豊富な者"です。採点委員が採点しやすい論文とするには，内容に加え，見た目や読みやすさも重要です。そのためにも，上記の要項のような一般的な書き方とする必要があります。

(5)　空白行が多いと内容が薄いと思われる

　終盤で書く内容が尽きてしまい，空白を残してしまうケースが散見されます。これは極力少なくするようにしてください。他の受験者がすべて埋めきっていると，空白行があるだけで内容が薄いと思われる可能性があるからです。目安とする終盤の空白行は，1枚論文であれば0行，2枚論文であれば1行，3枚論文であれば2行以内，を心がけてください。

また，各問題文の間に空白行を入れて位置調整するケースも見られますが，この空白行も不要です。学会論文などでは，章の変わり目に空白行を入れる場合がありますが，文字数制限のある論文試験では，空白行は必要ありません。

　一方，何が何でも埋めようとするために，字数稼ぎに走ってしまう方がいらっしゃいます。読むほうからすると明らかに字数稼ぎとわかるため，早々に諦めずに，時間の限り頭をひねって解答を導きましょう。

(6)　文末表現は統一する

　文末表現は，論文で一般的に用いられる「常体（である調）」を用いるようにしてください。多くの人がこの常体で論文作成しているため，「敬体（です・ます調）」を使うと，採点する方は違和感を得てしまう可能性があります。

　また，「体言止め（名詞で終わらせる表現）」を文章中に入れる方がいらっしゃいますが，これも違和感を覚えます。タイトルや箇条書きを一部に入れる場合は問題ありませんが，文章中は「用言止め（動詞や形容詞等で終わらせる表現）」で統一してください。

(7)　略記には気を付ける

　専門用語の中には，英単語で略記表示されているものがよくあります。これらは，建設部門において一般的に通用するものであれば，略記表示のまま使用することは問題ありません。例えば，AIやDX，BIM／CIMのようなものが該当します。一方で，一般的かどうか微妙なもので文章中に複数回出てくるものは，最初だけ「正式名称（以下，○○）」のように併記するのが無難です。例えば，次のようなものです。

(8)　製品名を混同しない

　会社の中で使われている（と思われる）製品名を書かれている論文を見かけます。特にシステム名に多く見られます。おそらく会社の中では当たり前に使われているのかもしれませんが，一般的にわかる書き方にしないと伝わりません。

　例えば，「高頻度検査システムを活用して，……」と記載されていても，それが何なのか，何のためにそのシステムを活用するかが全くわかりません。その場合，目的を明記して記載すればわかりやすくなります。上記の場合，「設備故障の予兆をタイムリーに捉えるために高頻度に検査を実施する装置を車両に取り付け，……」といったように，目的を記載すれば，そのシステムの全容が理解できるようになります。

3-2 選択科目 Ⅱ-1（1枚論文）の分析

　選択科目Ⅱ-1は，1枚（600字）のみの限られた紙面の中で記載する必要があります。試験内容は次のようになっており，枚数が少ないことと，他の論文と比較して取り組みやすい内容となっているため，論文対策の最初に取り組むことをおススメします。

1.「選択科目」についての専門知識に関するもの

　記述式　600字×1枚［10点］【4問出題1問選択解答】

概念	「選択科目」における専門の技術分野の業務に必要で幅広く適用される原理等に関わる汎用的な専門知識
出題内容	「選択科目」における重要なキーワードや新技術等に対する専門知識を問う。
評価項目	技術士に求められる資質能力（コンピテンシー）のうち，専門的学識，コミュニケーションの各項目

出典：令和6年度 技術士第二次試験受験申込み案内　［日本技術士会］

---

(1)　選択科目Ⅱ-1の出題傾向

　出題傾向を掴むには，過去問5〜10年分を見ることが必要です。ここで年数の幅を広げているのには理由があります。それは科目ごとの中でもさらなる分類がされているためであり，例えば"鋼構造及びコンクリート"であればその名のとおり"鋼構造"と"コンクリート"に分かれており，それぞれが4問中2問ずつとなっています。鋼構造の専門家がコンクリートの問題をあえて解くことはしないと考えると，実質二択となります。"鉄道"にあっては，"保線""保守土木""鉄道建設"などと分かれているため，専門分野を選ぶのが実質一択の年もあったりします。

　過去問を分析していくと，高頻度で頻繁に出題されるものや，そうでないも

のがわかります。10年分を見るのは多いと思われるかもしれませんが，直近の問題に関連する問題が何年前に出題されているかを確認することで，大まかなサイクルを掴めます。似たような問題や応用できる問題もあるため，過去問を並べて見てみることがとても大事です。

　令和元年度から令和6年度の選択科目Ⅱ-1の出題傾向として，選択科目ごとに出題されたキーワードは次のとおりとなっています。

選択科目Ⅱ-1「土質及び基礎」の出題傾向

年度	No.	キーワード
R 6	1	原位置調査法
	2	杭の極限支持力
	3	圧密促進工法
	4	切土におけるのり面安定，地山補強土工法
R 5	1	杭基礎の工法
	2	地震時に液状化の発生が懸念される旧河道と沿岸部の埋立地，地盤改良工法
	3	経時変化に伴う圧密沈下量の予測方法及び盛土の安定の検討方法
	4	地すべり対策工
R 4	1	地盤剛性のひずみ依存性，室内土質試験方法，原位置試験方法
	2	盛土施工時に行う品質管理で使用する管理基準
	3	軟弱粘性土地盤上の盛土に生じる原地盤の沈下と沈下に伴う周辺地盤の変形
	4	軟弱地盤上の橋台及びその杭基礎の設計
R 3	1	擁壁の変状・損傷について地盤・盛土に起因するもの
	2	Terzaghi（テルツァーギ）の支持力公式を用いた直接基礎の支持力算定
	3	粘性土の強度増加率，三軸試験，強度増加率の利用
	4	液状化発生のメカニズム，固結工法以外の対策原理が異なる工法
R 2	1	地盤の圧密沈下，周辺の地盤や建物に及ぼす影響
	2	地すべり対策工法における抑制工と抑止工

年度		No.	キーワード

R 2	3	液状化に関する指標である F_L，室内土質試験，F_L と P_L の違い
	4	親杭横矢板壁の自立式土留め，粘性土地盤に設置された土留めの目視点検
R 1	1	堤防や盛土の浸透によるすべり破壊，堤体土の透水性の評価，室内透水試験
	2	地下水位低下工法，格子状地中壁工法
	3	切土のり面の安定対策工
	4	ヒービング・盤ぶくれ・ボイリング，地盤改良工法

選択科目 II−1 「鋼構造及びコンクリート」の出題傾向

年度	No.	キーワード
R 6	1	アーク溶接の溶接欠陥
	2	軟鋼及び高張力鋼，応力-ひずみ曲線
	3	アルカリシリカ反応，塩害，火害
	4	コンクリート構造物の温度ひび割れ，抑制対策
R 5	1	腐食による断面減少，疲労き裂，変形
	2	供用期間中の鋼部材に生じるき裂の部位，非破壊検査
	3	プレキャスト工法
	4	寒中コンクリート
R 4	1	鋼構造物の腐食防止
	2	鋼部材の座屈
	3	高炉セメント B 種またはフライアッシュセメント B 種使用のコンクリート
	4	鉄筋コンクリート構造物の打込み，締固めの段階での充填不良
R 3	1	鋼部材の破壊現象
	2	鋼部材を高力ボルトにより連結する方法
	3	鉄筋又はコンクリートいずれかの高強度材料
	4	浮きやエフロレッセンスを伴うひび割れ，非破壊検査

年度	No.	キーワード
R 2	1	高性能鋼
	2	複合（合成・混合）構造
	3	コンクリート構造物の品質を確保した上での生産性向上
	4	コンクリート構造物の劣化現象
R 1 鋼	1	座屈照査が重要となる部材
	2	溶接方法
	3	腐食現象
	4	鋼構造物の疲労き裂
R 1 コン	1	鋼部材とコンクリート部材を連結して一つの構造体とした混合構造
	2	コンクリート用化学混和剤
	3	暑中コンクリート
	4	鉄筋コンクリート構造物の塩害対策

※R 1は鋼構造とコンクリートで各4題の出題

選択科目 II-1 「都市及び地方計画」の出題傾向

年度	No.	キーワード
R 6	1	PFI法，PFI事業
	2	都市計画法第12条の 5，地区整備計画
	3	容積率の最高限度を超えることができる制度
	4	市民緑地認定制度
R 5	1	令和 3 年 7 月に静岡県熱海市での大雨，宅地造成及び特定盛土等規制法
	2	都市交通実態調査
	3	都市機能誘導区域及び居住誘導区域
	4	特別緑地保全地区制度
R 4	1	災害の危険性の高いエリア（災害ハザードエリア）
	2	街路事業の新規事業採択時評価
	3	市街地における道路において周辺の道路の状況によって建築物やその敷地に課せられる規制

R 4	4	平成 3 年の生産緑地法改正による生産緑地制度，平成29年の法改正による特定生産緑地制度
R 3	1	東日本大震災による津波被害を受けた「防災集団移転促進事業」及び「土地区画整理事業」
	2	都市のスポンジ化，土地の集約・再編の手法及び土地の所有権と利用権を分離して低未利用地を利活用する手法
	3	周辺地域の環境を保護しながら用途規制を緩和する手法
	4	都市公園をはじめとする都市の自然的環境の保全・創出に係る施策・事業が果たす役割
R 2	1	対流促進型国土の形成，リニア中央新幹線によるスーパー・メガリージョンの形成
	2	立体都市計画制度
	3	空家等対策の推進に関する特別措置法
	4	バリアフリー法に基づく都市公園の移動等円滑化
R 1	1	エリアマネジメントの展開，制度
	2	換地照応の原則，換地の特例制度
	3	建築物の規制・誘導等を行う制度
	4	都市における公園緑地

選択科目 II - 1 「河川，砂防及び海岸・海洋」の出題傾向

年度	No.	キーワード
R 6	1	河川整備基本方針における基本高水の設定，河川の重要度
	2	異常洪水時防災操作（緊急放流），特別防災操作，予備放流，事前放流
	3	河道閉塞を原因とする土石流，火山噴火による降灰後の土石流，地すべり
	4	津波防災地域づくりに関する法律に基づく津波浸水想定の設定，隆起量や沈降量の地形データへ反映
R 5	1	河川堤防（土堤）の設計
	2	重力式コンクリートダムの構造設計

年度	No.	キーワード
R 5	3	渓床・渓岸における土砂生産抑制または土砂の流出抑制・調節を目的とする砂防堰堤
	4	砂浜が有する防護上の機能
R 4	1	河川氾濫による浸水被害を軽減
	2	ダム総合点検の実施手順，ダムの健全性を評価するうえでのデータ分析
	3	土砂災害において流木が被害の発生や復旧に及ぼす影響，流木捕捉のための施設計画
	4	設計高潮位の設定方法，気候変動の影響
R 3	1	河川堤防（土堤）で生じるすべり破壊とパイピング破壊
	2	ダムの治水機能を増強するダム再生の技術的な方策
	3	土石流を捕捉するための砂防堰堤（透過型，不透過型）
	4	海岸保全施設の設計，波浪観測を実施する際の地点選定，ゼロアップクロス法
R 2	1	河川改修により確保された流下能力維持のための河道流下断面の維持管理
	2	適正な貯水池土砂管理のための調査・観測
	3	土砂洪水の現象や被害，対策計画
	4	海岸堤防の設計，海岸堤防の天端高
R 1	1	河川堤防（土堤）の維持管理
	2	大規模地震に対するダム本体の耐震性能の照査
	3	河道閉塞（天然ダムの形成），火山噴火による降灰，地すべりの活動
	4	高潮浸水想定区域図の作成，台風の条件設定（規模，経路）

選択科目 II-1 「港湾及び空港」の出題傾向

年度	No.	キーワード
R 6	1	国際クルーズ船の寄港拡大または国際航空路線の新規就航・増便
	2	防波堤や護岸の設計，設計波の設定
	3	港湾鋼構造物の腐食，腐食速度の分布，防食工法
	4	空港の誘導路の種類

R 5	1	港湾計画や空港マスタープラン
	2	水域施設の埋没
	3	洋上に着底式風力発電施設，基地港湾において行われる作業
	4	空港の滑走路のアスファルト舗装
R 4	1	港湾や空港の貨物取扱容量増大への対処，「公共事業評価の費用便益分析に関する技術指針（国土交通省）」に基づく計測方法
	2	防波堤の設計，ボーリング調査の移動式足場，原位置試験及び室内の力学試験
	3	港湾及び海上空港の浚渫工事，浚渫作業船
	4	滑走路端安全区域（RESA）の拡張
R 3	1	港湾及び空港の施設を建設または改良の施工計画
	2	公有水面埋立事業において実施する環境影響評価
	3	フェリー埠頭計画で定める港湾施設
	4	空港の滑走路におけるブリスタリング現象
R 2	1	波浪の観測機器
	2	ケーソン式護岸の築造，使用する作業船とそれを用いた施工
	3	港湾におけるコンテナ取扱能力，空港における離着陸処理能力
	4	公有水面の埋立てを伴う港湾整備事業または滑走路を含む陸上の空港整備事業の環境影響評価法
R 1	1	地盤の液状化
	2	港湾や海上空港における鉄筋コンクリート構造物の劣化
	3	港湾における複合一貫輸送ターミナルの整備事業または空港における滑走路の増設事業の費用対効果分析
	4	埋立てによる港湾整備事業または陸上における滑走路増設事業の環境影響評価

選択科目 II-1 「電力土木」の出題傾向

年度	No.	キーワード
R 6	1	地震力に対する基礎地盤の安定性評価としての「基礎地盤のすべり」「基礎の支持力」「基礎底面の傾斜」
	2	液状化，対策が必要とされる電力土木施設
	3	マスコンクリートとして配慮すべき電力土木施設，温度ひび割れ
	4	大規模地震に対するダム耐震性能照査指針（案），ダムの耐震性能
R 5	1	2013年「核原料物質，核燃料物質及び原子炉の規制に関する法律」の改正
	2	電力土木施設の非破壊検査法
	3	新たな流れ込み式水力発電所の発電計画
	4	エネルギー需給における火力発電の在り方，火力分野のゼロエミッション電源化に向けた方策
R 4	1	流体の模型実験，原型と模型の間での完全な相似性
	2	耐震性区分 I・II，確保すべき耐震性と津波対応への基本的な考え方
	3	土砂生産量が多い流域にあるダムの施設管理者が検討すべき堆砂対策方法
	4	第六次エネルギー基本計画，2030年に向けた政策対応
R 3	1	環境影響評価法等に基づく発電所の設置または変更の工事，発電所固有の手続
	2	水力発電の導入拡大方策
	3	塩害劣化に対する配慮
	4	着床式洋上風力発電機，「安全性の評価」の観点から照査すべき事項
R 2	1	ダムの設計洪水流量を決定するために比較検討すべき流量
	2	電力土木施設のトンネルを密閉型シールド工法，トンネルルート・シールドマシン・トンネル覆工
	3	石炭火力発電所の屋外式貯炭場，軟弱地盤における計画
	4	原子力発電所の津波防潮堤の設計
R 1	1	電源のエネルギーミックス

年度			
R 1	2	水力発電所の水車・発電機が機器故障等により急停止した状況を設計に反映した電力土木施設	
	3	火力発電所の燃料受け入れ桟橋，燃料運搬船の操船に係る配置計画	
	4	原子力発電所の基準津波の策定方法	

選択科目Ⅱ-1「道路」の出題傾向

年度	No.	キーワード
R 6	1	車道の曲線部の区分・曲線半径に応じた拡幅量
	2	自動運行補助施設
	3	表層の供用年数が使用目標年数より早期に劣化する区間の詳細調査
	4	道路の擁壁（補強土壁）における補強メカニズム
R 5	1	車道に接続する路肩
	2	大規模災害時における災害対策基本法に基づく道路管理者による車両移動の措置
	3	新設道路の設計，車道における舗装種別を適切に選定するために必要な情報
	4	地すべり対策工の選定，グラウンドアンカー工を用いる場合の具体的な地すべり抑止機構
R 4	1	普通道路における車道の縦断勾配
	2	令和3年3月の踏切道改良促進法改正
	3	再生加熱アスファルト混合物の製造方法，新規加熱アスファルト混合物の製造方法との相違点
	4	標準のり面勾配・高さの範囲にある道路盛土の地震時の安定性の照査
R 3	1	道路計画における一般的な交通需要推計手法
	2	特定車両停留施設
	3	舗装点検要領規定される使用目標年数の設定
	4	ICT土工の効果，ICT土工における出来形管理の手法
R 2	1	設計時間交通量
	2	歩行者利便増進道路

年度	No.	
R 2	3	舗装の構造に関する技術基準における車道及び側帯の舗装の必須の性能指標
	4	落石対策工
R 1	1	当該道路の設計速度に応じた最小曲線半径
	2	重要物流道路制度
	3	連続鉄筋コンクリート舗装，転圧コンクリート舗装
	4	道路土工構造物の点検における切土のり面の崩壊

選択科目Ⅱ-1「鉄道」の出題傾向

年度	No.	キーワード
R 6	1	レール継目の遊間検査
	2	プラットホームの安全性を確保するための技術基準
	3	盛土の変状と予想される崩壊形態
	4	仮土留（山留）工法
R 5	1	省力化軌道
	2	既設鉄道駅へのホームドア整備
	3	連続立体交差化事業における線路の高架化
	4	普通鉄道における建築限界（曲線部）
R 4	1	カントの必要性，算出方法，逓減
	2	構造物の性能の確認における健全度の判定区分
	3	新駅設置での線路・配線及びプラットホームに関して考慮すべき技術基準
	4	鉄道騒音，騒音対策
R 3	1	ロングレール化のためのレール溶接法
	2	盛土の不安定性，接続部に関する不安定要因
	3	コンクリート構造物の材料劣化
	4	鉄道線間の乗り換えが可能なターミナル駅の改良計画
R 2	1	在来線の旅客用プラットホームにおける高齢者・障害者等の安全確保及び移動円滑化

年度	No.	
R 2	2	普通鉄道の分岐器の構成部分
	3	維持管理の基本である構造物の検査
	4	踏切道改良基準に定める改良すべき踏切道
R 1	1	性能照査型設計
	2	橋脚の洗掘災害の危険性評価
	3	営業線直下に土被りの小さい交差構造物を構築する場合の非開削工法
	4	軌道変位の管理項目

選択科目 II-1 「トンネル」 の出題傾向

年度	No.	キーワード
R 6	1	山岳工法トンネルのインバート
	2	山岳工法トンネルの掘削工法
	3	土留壁の設計に用いる弾塑性法
	4	密閉型シールドの切羽の安定
R 5	1	山岳トンネル掘削時の地表面沈下対策のための補助工法
	2	計測 B の項目
	3	開削トンネルの施工に関する既設構造物のアンダーピニング
	4	シールド工法における，はり-ばねモデルによる計算法
R 4	1	山岳工法における鋼製支保工
	2	山岳トンネル掘削時の切羽観察項目
	3	地下連続壁の本体利用
	4	セグメント製作における品質管理のための検査
R 3	1	山岳トンネルの設計条件
	2	ロックボルトの性能
	3	開削工法による地下構造物の築造，遮水性に優れた土留め壁
	4	立坑からのシールドの発進，発進防護工，発進坑口工，鏡切り工
R 2	1	山岳トンネルにおける早期閉合の適用
	2	計測 A の項目

年度	No.	キーワード
R 2	3	開削工法おける地下埋設物の保安措置
	4	シールド工法にて長距離施工を行う場合のシールドの耐久性を向上
R 1	1	山岳工法トンネルでの吹付けコンクリート
	2	山岳工法トンネルの覆工における力学的な性能の付加
	3	開削工法で築造される地下構造物の供用中に生じる漏水
	4	シールドトンネルの覆工，一次覆工

選択科目 II-1 「施工計画，施工設備及び積算」の出題傾向

年度	No.	キーワード
R 6	1	補強土壁，急峻地形及び集水地形への適用
	2	働き方改革関連法による労働基準法の改正
	3	足場からの墜落防止措置
	4	プレキャストコンクリート工法
R 5	1	軟弱地盤上の道路盛土工事，カルバートボックスの設置
	2	監理技術者の職務，監理技術者の配置要件
	3	BIM/CIM
	4	高強度コンクリートの特徴，品質確保
R 4	1	切土のり面保護工を選定
	2	公共事業における契約方式である ECI 方式
	3	墜落による労働災害の防止
	4	コンクリートの中性化の劣化機構，維持管理方法
R 3	1	粘性土層で構成される軟弱地盤上での盛土構築，地盤変状
	2	建設キャリアアップシステム
	3	足場（つり足場を除く）の倒壊を防止
	4	高流動コンクリート
R 2	1	地すべり対策における抑制工・抑止工
	2	公共工事標準請負契約約款において定められている発注者及び受注者の義務

年度	No.	
R 2	3	市街地における橋梁下部工の施工計画
	4	鉄筋コンクリート構造物の劣化機構
R 1	1	地震動によって生じる地盤の液状化
	2	多様な入札契約方式
	3	建設現場における三大災害
	4	コンクリート構造物の検査・点検で用いる非破壊検査

選択科目 II−1 「建設環境」の出題傾向

年度	No.	キーワード
R 6	1	ダム貯水池のアオコの発生，気泡式循環施設
	2	再エネ海域利用法，海洋環境の保全，海域の占用
	3	CNP（カーボンニュートラルポート）の形成，港湾脱炭素化推進事業
	4	歴史的な町並みの保全・活用
R 5	1	水循環基本法，健全な水循環の維持または回復に向けた取組
	2	太陽光発電設備の普及に伴う使用済み太陽光パネルの処理
	3	道路緑化の機能である景観向上機能・環境保全機能
	4	景観法に規定されている景観地区制度
R 4	1	道路や鉄道の建設に伴う供用後の騒音への対応
	2	風力発電所の環境影響評価，前倒環境調査
	3	生態系を活用した防災・減災
	4	建設リサイクルの取組に関する建設発生土・建設汚泥
R 3	1	富栄養化がもたらす魚類の生息環境の悪化に対する対策
	2	2050年カーボンニュートラルに伴うグリーン成長戦略における実行計画
	3	SDGsに関する生物多様性を含む自然資本の保全
	4	太陽電池発電所の環境影響評価
R 2	1	再生可能エネルギー源を利用した発電設備の設置計画，環境影響評価
	2	建設リサイクル法における特定建設資材廃棄物

R 2	3	土壌汚染対策法に基づく調査及び措置に関するガイドラインにおける汚染の除去等の措置の位置づけ
	4	第五次環境基本計画における国土のストックとしての価値向上
R 1	1	我が国の建設リサイクルの取組状況，建設発生土の有効利用及び適正処理の促進
	2	道路・鉄道その他の建設事業の施工時又は供用時における騒音発生頻度
	3	多自然川づくり基本指針多自然川づくり
	4	環境影響評価法に基づく第一種事業の環境アセスメント手続き

(2) 選択科目Ⅱ-1の対策

　過去問を分析していくと，得意な問題と苦手な問題が見えてきます。まずは，得意な問題から取り組むようにしてください。得意な問題でも，600字の制約に収めようとすると，過不足が発生します。専門知識を感覚的に覚えていると思いどおりに書けないため，2章を参考に，体系化して知識を整理しておく必要があります。知っていることと文章で説明できることとは異なります。知っているからと飛ばすのではなく，まずは，何も見ずに得意な問題を解いてみましょう。そして，できあがったら，専門書等を見ながら補強することで，知識が定着していきます。

　選択科目Ⅰの問いかけは，多種多様です。過去問において同じ内容でも言い回しを変えて問われることも多いです。次に，最近の出題における代表的な問いかけを示します。どのように聞かれても，焦らずに答えらえるようにしておく必要があります。

選択科目Ⅱ-1での問いかけ

一般	～について3つ以上説明せよ。
	～の観点から述べよ。

	〜を具体的に述べよ。
	〜の技術上の留意点について述べよ。
	〜の概要と特徴を述べよ。
	〜の原理についてそれぞれ述べよ。
	〜に当たり必要な情報を説明せよ。
	〜の概要，複数の対策方法及びその留意点を述べよ。
	〜の留意点を二つ示し，それぞれについて対策を述べよ。
	〜の考え方，措置の種類について述べよ。
	〜の特長について，複数の技術的観点から述べよ。
	〜に当たっての課題を複数挙げ，それぞれの対応策を述べよ。
	〜に関する用語と共に図示せよ。
変状等 事象	〜の変状のメカニズムを概説せよ。
	〜について，複数の要因を挙げて説明せよ。
	〜を防止するための方策を述べよ。
	〜が抑制されるメカニズムについて説明せよ。
	〜の抑制対策を二つ挙げ，それぞれについて目的と留意点を述べよ。
法律， 制度	〜に期待される効果を複数挙げ，その具体的な内容を述べよ。
	〜についてその概要及び○○への適用条件を説明せよ。
	〜の制度の特色を説明せよ。
	〜の調査の目的と，内容及び手順を述べよ。
	〜に関して期待される効果を具体的に述べよ。
	〜の変更点と，変更となった背景について説明せよ。
	〜の共通点及び相違点について説明せよ。
	〜の手続きにおいて国が勘案すべきことについて述べよ。
具体的 方法	〜を設定する方法を説明せよ。
	〜の設定の考え方を述べよ。
	〜基準を網羅的に複数述べよ。
	〜について，その算定方法を述べよ。

(3) 踏み込んだ知識も問われる

　選択科目Ⅱ-1では概要やメカニズム等の専門知識を問われますが，踏み込んだ知識として"留意点"も問われます。留意点は，選択科目Ⅱ-2でも聞かれる内容ですので，併せて調べておくと効果的です。

　さらに，最近の出題では，次の過去問のように「課題を複数挙げ，それぞれの対応策を述べよ」「詳細調査の目的と，内容及び手順を述べよ」といった，選択科目Ⅱ-2，選択科目Ⅲ，必須科目Ⅰと関連するような出題がされています。

平成26年に「水循環基本法」が制定され，健全な水循環の維持又は回復に向けて，その関連する施策が総合的かつ一体的に推進されている。健全な水循環の維持又は回復に向けた取組を進めるに当たっての課題を複数挙げ，それぞれの対応策を述べよ。

【R5 建設環境 Ⅱ-1-1】

平成28年10月の「舗装点検要領」では，損傷の進行が早い道路等におけるアスファルト舗装において，表層の供用年数が使用目標年数より早期に劣化する区間に対して詳細調査を実施し，適切な措置を実施することを求めている。この詳細調査の目的と，内容及び手順を述べよ。

【R6 道路 Ⅱ-1-3】

　いずれの設問も，近年の法律や規程改正に伴う出題であるとともに，出題の仕方も一般的な専門知識では対応しづらい内容になっています。このように，今後も，近年の情勢や動向を踏まえた上での深い専門知識が問われることが想定されます。まずは，過去問を基に，ご自身の専門知識の不足箇所を補強することが必要です。それと並行して，ご自身の選択科目に関する近年の変容に感度を高めるために，関係省庁のホームページで情報収集することが求められます。

(4) 選択科目Ⅱ-1では貯金を作る気持ちで

　選択科目Ⅱ-1における用語や特徴の説明の問題は，多くの受験者が比較的容易に書けるものです。特に過去問と類似した出題であれば，なおさらです。

　また，4問から1問を選択する形式であるため，幅広く知識を有していれば自分の得意なテーマを選んで書くことが可能です。企業の研修などで学んだり，他の資格試験で勉強していたりと，個人のベースとしている知識を，選択科目Ⅱ-1以外の論文より応用しやすくなっています。

　したがって，他の受験者にとっても得意な出題であるため，結果として差がつきにくいといえ，十分な解答ができないと，逆に差をつけられることになってしまいます。

　専門知識を幅広く学習することで確実に点数が取れるので，学習は時間に余裕をもって進め，試験本番では6割ギリギリを狙うのではなく，それ以上の点数を目指すことで，得点の貯金を作る気持ちで臨むのがよいでしょう。

(5) 数値データや図表を効果的に活用

　単に用語の定義を説明するだけでは，誰もが書ける範囲に留まり，他の受験者と差をつけることは難しいでしょう。そこで，他の受験者と差をつけるための工夫が必要です。その鍵となるのが，背景や根拠の深掘りです。説明に矛盾がないように，「なぜそうなっているか」「どうしてこのようになるのか」といった問いかけをしながら，背景や根拠を深掘りするといいでしょう。

　また，具体的な数字を用いることにより，論文に深みが増し，採点委員に強い印象を与えることができます。数値データは当然ですが暗記しないといけません。「どこまで詳細な数値を書くべきか」とよく聞かれますが，"47％"という数値に対して，"50％弱"や"約5割"はいずれも正解ですが，具体的に表すほど当然印象は良くなります。

　さらに，図や表を効果的に活用すれば，視覚的にも他の受験者と差をつける

ことができます。効率的に図表を書く方法として，箇条書きと組み合わせる方法があります。図表を書くと大きくスペースを取られ，文章量が削られてしまいます。そこで，箇条書き（10文字程度）で3，4行記載した隣の空きスペースを有効活用すると，見栄えが良くなります。イメージ図では安易に説明できるが言葉だと長くなる場合は，図表の活用はとても有効です。数値データを記載しづらい設問も多いので，その場合は図や表を積極的に活用してみてください。

　選択科目II-1で評価されるコンピテンシーは，「専門的学識」と「コミュニケーション」の二つです。特に，筆記試験における「コミュニケーション」スキルは，的確な表現能力に直結します。つまり，文字数の制約の中でいかに専門技術を的確に表現できるかが問われるのです。

　このような観点から，選択科目II-1では単なる知識の羅列に留まらず，なぜその知識が重要であるのか，どういう背景や根拠があるのかをしっかりと説明することが求められます。

3-3 選択科目 II − 1 の型と戦術

　選択科目 II − 1 は，出題の仕方が多種多様です。数種類の特徴や技術的観点を述べたり，図表を書くことが指定されていたりとさまざまですので，出題によって柔軟に解答の仕方を変えていく必要があります。

　ここでは代表的な型と記載方法について，説明します。

(1) 代表的な型

　選択科目 II − 1 は600字と制約が大きいため，"項番号" と "タイトル" をバランスよく配置していくことが重要となります。また，各項の文章量の目安を事前に決めておくことで，スムーズに記載することができます。

　代表的な出題の仕方と，それに対する解答の型を次に示します。

選択科目 II − 1 の解答の型（1／5）

パターン	出題例	解答の型 （項番号・タイトル・文章量の例）
2 − 1 型	地盤の変形係数を設定するために一般的に用いられる原位置調査法について 2 種類挙げて，各試験内容と変形係数の求め方について説明せよ。また，原位置調査法を活用した際の留意点について，ひずみレベル，ばらつき，地盤物性等の観点から述べよ。 **【R6 土質及び基礎 II − 1 − 1】**	1．原位置調査法の各試験内容と変形係数の求め方 (1) 標準貫入試験 （本文 6 行） (2) 平板載荷試験 （本文 6 行） 2．原位置調査法を活用した際の留意点（本文 9 行，観点を忘れない）

パターン	出題例	解答の型 （項番号・タイトル・文章量の例）
2-2型	アーク溶接により鋼材を接合した際に生じる可能性のある溶接欠陥を二つ挙げ，それぞれの欠陥を説明し，その要因と留意点を述べよ。 【R6 鋼構造・コンクリート II-1-1】	1．ブローホール (1) 欠陥の内容とその要因 （本文5〜6行） (2) 留意点 （本文4行） 2．低温割れ (1) 欠陥の内容とその要因 （本文5〜6行） (2) 留意点 （本文4行）
1-1型	車道の曲線部においては，当該道路の区分，曲線半径に応じ，1車線につき，それぞれ拡幅量として定められた値を拡幅することとされているが，その設定の考え方について述べよ。また，その設置に当たっての留意点について説明せよ。 【R6 道路 II-1-1】	1．拡幅量設定の考え方 （本文11〜12行） 2．設置にあたっての留意点 （本文11〜12行）
1-2型	プレキャストコンクリート工法の採用に当たり期待される利点を述べよ。また，プレキャストコンクリートを用いた構造物の施工計画において，架設・設置に関する検討すべき内容を二つ具体的に説明せよ。 【R6 施工計画・設備・積算 II-1-4】	1．プレキャストコンクリート工法の利点 （本文9行） 2．架設・設置に関する検討すべき内容 (1) 運搬・据付けの計画 （本文6行） (2) ジョイント部の接合方法 （本文6行）

選択科目 II−1の解答の型（3／5）

パターン	出題例	解答の型 （項番号・タイトル・文章量の例）
1−1−1 型	空港の誘導路の種類を3つ挙げ，それぞれの機能と舗装設計における交通量及び荷重の大きさの設定の考え方を述べよ。 【R6 港湾及び空港 II−1−4】	1．平行誘導路 　　（本文7〜8行） 2．取付誘導路 　　（本文7〜8行） 3．高速脱出誘導路 　　（本文7〜8行）
3−1型	国際クルーズ船の寄港拡大又は国際航空路線の新規就航・増便を図る取組において，訪日外国人の増加の便益や効果を費用対効果分析の考え方で把握する場合，港湾・空港の別を明記したうえで，便益や効果を3つ挙げ，その内容を述べよ。また，そのうちの便益一つについて，その算定方法を述べよ。 【R6 港湾及び空港 II−1−1】	1．国際クルーズ船の寄港拡大の費用対効果分析 (1)　観光消費の増加 　　（本文4行） (2)　雇用創出 　　（本文4行） (3)　地域ブランドの向上 　　（本文4行） 2．観光消費増加の算定方法 　　（本文8行）
0−1−1 型	普通鉄道におけるプラットホームの安全性を確保するための技術基準の内容について述べよ。 【R6 鉄道 II−1−2】	（本文3行）前書きで，鉄道に関する技術上の基準を定める省令に触れる。 1．曲線半径 　　（本文10行） 2．段差・離れ 　　（本文10行）

パターン	出題例	解答の型 （項番号・タイトル・文章量の例）
0- 1-1-1 型	密閉型シールドの切羽の安定に関し，泥水式，土圧式のいずれかを明記した上で，どちらか一方について，管理すべき項目を3つ以上挙げ，それぞれの内容について説明せよ。 【R6 トンネル II-1-4】	（本文3行）前書きで，泥水式・土圧式の一方を選択し，概要を述べる。 1．泥水の性状管理 　（本文6～7行） 2．泥水圧の管理 　（本文6～7行） 3．掘削土量の管理 　（本文6～7行） 　※泥水式の場合
0-2-2 型	粘性土地盤の圧密を促進し残留沈下を低減する圧密促進工法のうち，ドレーン工法を除く異なる工法を複数示し，そのうちの2工法について概要と適用に際しての技術上の留意点について述べよ。 【R6 土質及び基礎 II-1-3】	（本文2行）前書きで，圧密促進工法を複数（3個程度）述べる。 1．盛土荷重載荷工法 (1)　概要 　（本文3行） (2)　適用に際しての技術上の留意点 　（本文5～6行） 2．地下水低下工法 (1)　概要 　（本文3行） (2)　適用に際しての技術上の留意点 　（本文5～6行）

パターン	出題例	解答の型 （項番号・タイトル・文章量の例）
特殊型	軟鋼及び高張力鋼について，引張試験から得られる応力－ひずみ曲線を機械的性質に関する用語と共に図示せよ。応力－ひずみ曲線は，6マス×15マス程度に図示すること。軟鋼と高張力鋼の特性の違いを踏まえつつ，応力－ひずみ曲線から得られる機械的性質について3つ以上説明せよ。 **【R6 鋼構造・コンクリート II-1-2】**	（本文3行）前書きで，軟鋼と高張力鋼の特性の違いの概要を述べる。 1．降伏点 　（本文約5行分） 2．引張強度 　（本文約5行分） 3．破断点 　（本文約5行分） ※6×15マス分のスペースをあらかじめ確保しておき，それ以外の場所に文字数の本文をバランスよく配置する。

　なお，パターンの付け方は，各項の中の小項の数を基に決め，前書きが必要なものを"0-○型"と表現しています。

　これらの型は，それぞれ一つの例であり，さらに細かく項を立てることもできますし，省略することもできます。しかし，項を細かく立てすぎると，タイトルだらけになってしまうため，内容が薄くなってしまいます。また，項が少なすぎると，論点の切り替えがつきにくく，読みにくいものとなってしまいます。そのためにも，論文を書く前には，どのような型とするのかを吟味した上で，各項の内容を整理していく必要があります。

(2) 問題文によってどこまで掘り下げるかを判断する

　選択科目Ⅱ-1は，4問から選ぶことができます。それぞれ内容が異なるため，厳密にいうと解答の文量は変わってきます。しかし，600字の原稿用紙1枚に収めることが共通の制約であるため，最後の行まで使って，わかりやすく説明する必要があります。

　選択科目Ⅱ-1以外の論文では，各項目の文量は同じくらいになるようにするといった目安がありますが，選択科目Ⅱ-1は問題文によって配分を変えなければなりません。そのため，書いているうちに，「全く埋められない」とか，逆に「スペースが足りない」といったことが発生しますので，型のパターンを決めた後は，項目ごとの内容をどこまで掘り下げるかを意識する必要があります。

(3) 問われている文言を使って，わかりやすく表現

　「要因と留意点を述べよ」「メカニズムを概説せよ」などと問題文に書かれている場合が多くあります。その際は，各項のタイトルに「要因」「留意点」などと入れるか，「要因は，……」「……が要因である」や「留意点は，……」「……が留意点である」などと本文に入れるようにしてください。問われていることに対して，明確に解答していることが大切です。

3-4 評価される解答

　選択科目Ⅱ-1の論文として，評価される解答例を示します。この論文は，実際の技術士試験でA評価だった再現答案をベースにして構築しています。

【出題】コンクリート構造物の変状

　コンクリート構造物の変状には，アルカリシリカ反応，塩害，火害などがある。この3種類の変状の中から一つ選択し，その変状のメカニズムを概説せよ。また，選択した変状の程度を調査する方法，及び変状の程度を考慮した補修方法について述べよ。

【R 6 鋼構造・コンクリート Ⅱ-1-3】

【論文の要点】

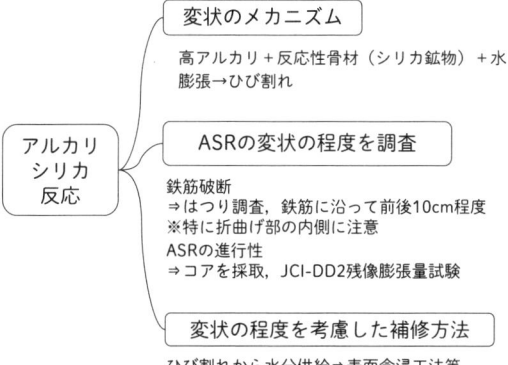

アルカリシリカ反応

変状のメカニズム

高アルカリ＋反応性骨材（シリカ鉱物）＋水
膨張→ひび割れ

ASRの変状の程度を調査

鉄筋破断
⇒はつり調査，鉄筋に沿って前後10cm程度
※特に折曲げ部の内側に注意
ASRの進行性
⇒コアを採取，JCI-DD2残像膨張量試験

変状の程度を考慮した補修方法

ひび割れから水分供給⇒表面含浸工法等
ひび割れ進展・鉄筋腐食発生⇒断面修復，接着工法等
大きく損傷，鉄筋の断面欠損⇒鉄筋再施工やコンクリート打換え

1. アルカリシリカ反応の変状のメカニズム

アルカリシリカ反応（以下，ASR）は，コンクリート中の高アルカリと反応性骨材に含まれるシリカ鉱物が，水の存在下で反応することで発生する。この反応により生成されるアルカリシリカゲルは水を吸収して膨張し，コンクリート内部に膨張圧を生じさせる。この膨張圧がコンクリートにひび割れを引き起こし，構造物の耐久性や安全性を損なう原因となる。

2. ASRの変状の程度を調査する方法

鉄筋破断を確認し，補強の必要性を判定するために，はつり調査を実施する。はつり調査では，鉄筋が破断していると思われる位置から，その鉄筋に沿って前後10cm程度の範囲をはつるものとする。鉄筋破断の確認は，特に折曲げ部の内側に注意する。

また，ASRの今後の進行性の評価のために，コンクリートコアを採取して，JCI-DD2に則った残存膨張量試験を実施する。

3. ASRの変状の程度を考慮した補修方法

ひび割れから水分が供給されている場合には，劣化因子となる水分の侵入を抑制し，かつコンクリート中の水分蒸発が可能な表面含浸工法等を適用する。ひび割れが進展し鉄筋腐食が発生する場合は，断面修復や接着工法等を併せて実施する。部材の一体性が大きく損傷している場合や鉄筋の断面欠損が著しい場合には，鉄筋の再施工やコンクリートの打換えを検討する。

4章

選択科目II-2
（2枚論文）の戦術

4-1 選択科目 II - 2 （2 枚論文）の分析

選択科目 II - 2 は，解答枚数が 2 枚（600 字× 2 枚）で出題されています。試験内容は次のようになっています。

II　選択科目
2.「選択科目」についての応用能力に関するもの

　記述式　600 字× 2 枚 ［20 点］【 2 問出題 1 問選択解答】

概念	これまでに習得した知識や経験に基づき，与えられた条件に合わせて，問題や課題を正しく認識し，必要な分析を行い，業務遂行手順や業務上留意すべき点，工夫を要する点等について説明できる能力
出題内容	「選択科目」に関係する業務に関し，与えられた条件に合わせて，専門知識や実務経験に基づいて業務遂行手順が説明でき，業務上で留意すべき点や工夫を要する点等についての認識があるかどうかを問う。
評価項目	技術士に求められる資質能力（コンピテンシー）のうち，専門的学識，マネジメント，リーダーシップ，コミュニケーションの各項目

出典：令和 6 年度 技術士第二次試験受験申込み案内　［日本技術士会］

(1)　選択科目 II - 2 の出題傾向

出題傾向を掴むには，過去問 5 年分程度を確認することが必要です。過去問を分析していくと，科目ごとに頻出テーマが見えてきます。選択科目によって異なるのですが，年々問題文が長くなり，付加される条件が細かくなっている傾向にあります。そのため，ケーススタディを意識して，制約が増えても答えられるように，過去問に取り組む必要があります。

令和元年度から令和 6 年度の選択科目 II - 2 の出題傾向として，選択科目ごとに出題されたキーワードは次のとおりとなっています。

選択科目Ⅱ-2「土質及び基礎」の出題傾向

年度	No.	キーワード
R 6	1	臨海地域の埋立地盤上に半地下構造の貯水槽（地中管と接続）の新たな建設
	2	床付地盤の鉛直変位の急増に留意した掘削土留め工事
R 5	1	集中豪雨による谷部盛土の崩落に伴う復旧・耐震性向上
	2	開削工法による道路トンネル建設（近傍の民家，洞道，地下水の流れを想定）
R 4	1	幹線道路において切土のり面の崩壊の復旧対策
	2	埋立地盤上に杭基礎形式の重要構造物の基礎の耐震補強
R 3	1	高速道路を新設する工事における，近傍の高速道路の圧縮沈下・舗装面のクラック・排水施設にズレや破損といった変状の発生
	2	高層ビルの建設に伴う山留め掘削工事における，管理基準値に到達による工事の中断・調整
R 2	1	片側1車線道路の計画路線で建設中の道路盛土中の，盛土天端に縦断方向のクラック・天端の沈下・隆起の発生
	2	工業団地内の発電プラント施設建設における，コスト縮減及び工期短縮を目的とした基礎構造の VE提案
R 1	1	丘陵地を横断する道路橋の建設工事における基礎杭を打設中の橋脚の傾き
	2	軟弱な粘性土が分布する低平地における拡幅工事

選択科目Ⅱ-2 「鋼構造及びコンクリート」の出題傾向

年度	No.	キーワード
R 6	1	制約条件の多い都市部の鋼構造物及びコンクリート構造物の施工計画
	2	構造物の改築・改修・補強の施工時点における，既設部の施工の不具合や設計との不整合
R 5	1	想定を超える自然災害による超過外力に対する冗長性の確保や災害後の復旧

年度	No.	キーワード
R 5	2	老朽化した地上構造物の健全性評価における，点検困難部の損傷程度の推定
R 4	1	既に設計された構造物に対する工期短縮
	2	火災や車両の衝突等のような突発的な作用による変状を受けた構造物における，部材の再利用を想定した調査
R 3	1	建設中に耐久性や精度に関わる不具合が接合部または打継ぎ部で見つかったことによる再発防止
	2	老朽化が進んだ構造物に対する耐震補強
R 2	1	厳しい施工上の制約条件の下での構造物の新設プロジェクト
	2	既設構造物を使用しながらの改築・増築，または補修・補強に関する業務
R 1 鋼	1	鋼構造物に関わる材料・構造・工法・維持管理の技術開発
	2	鋼構造物の品質や精度に関わる重大不適合の再発防止策立案
R 1 コン	1	温暖な海岸地域にある鉄筋コンクリート構造物に錆汁を伴うひび割れの発見に伴う，耐久性回復のための補修計画
	2	重要構造物（道路・鉄道等の基幹的交通インフラ及び基幹施設）に対する耐震補強

※R1は鋼構造とコンクリートで各2題の出題

選択科目 II - 2 「都市及び地方計画」の出題傾向

年度	No.	キーワード
R 6	1	敷地を集約化・共同化する小規模な土地区画整理事業
	2	広域避難地の機能と地域防災拠点の機能を有する都市公園の新たな整備
R 5	1	水災害リスクをできる限り回避または低減させるための防災・減災対策
	2	公募設置管理制度を活用した再整備に関する，都市公園法に基づく設置許可に至るまでの必要な手続
R 4	1	歴史的な景観を生かしながら街なみ環境を整備する，まちづくり整備計画の策定

R 4	2	市が直営で管理する公園の中の主要施設である競技場を対象とした指定管理者制度の新たな導入
R 3	1	車線数を4車線から2車線に減じ「居心地が良く歩きたくなるまちなか」の実現のための，当該道路空間の再構築
	2	廃校になった教育施設またはその跡地を活用し，民間事業者の資金とノウハウを取り入れた市民及び来街者の利便に供する公共サービス機能及び民間サービス機能の導入
R 2	1	大規模な浸水や土砂災害の被害を受けた地方公共団体における居住誘導区域の見直し
	2	住民が主体となって住環境保全するための地区計画の導入
R 1	1	大規模地震による被災の懸念のある地方公共団体における復興事前準備
	2	大都市近郊の都市の住宅市街地における街区公園の配置及び機能の再編

選択科目 II-2 「河川，砂防及び海岸・海洋」の出題傾向

年度	No.	キーワード
R 6	1	洪水・土砂災害・津波・高潮災害等の水災害のリスク軽減または回避を目的としたハード対策及びソフト対策が一体となった防災まちづくりの計画策定
	2	市町村長による避難情報の発令判断の支援
R 5	1	山地から河川，海岸に至る土砂移動に関するさまざまな課題に対して関係者が連携する総合的な土砂管理
	2	洪水や土砂災害，高潮によって自治体が管理する施設が被災した際の災害復旧事業
R 4	1	地方のある中核都市を震源とする震度7の巨大地震による，河川・ダム・砂防または海岸に関わる複数の防災施設に被害の発生
	2	「水害・土砂災害を対象とした避難行動の学習」を目的とした住民講習会
R 3	1	建設から50年以上経過する施設の割合が加速度的に増加することを見込んだ施設の老朽化（長寿命化）対策
	2	気象を要因とする洪水・高潮・土砂災害の被害想定区域の設定に関する調査・検討

年度	No.	
R 2	1	台風襲来時の水害・土砂災害に対する市町村における警戒避難体制の整備
	2	水害・土砂災害の被災地における再度災害防止対策に関するプロジェクト
R 1	1	激甚な災害が各所で発生した場合の，大規模な災害復旧事業における，環境の保全に配慮した災害に強い社会資本の整備
	2	大規模広域豪雨による洪水・土砂災害の発生や大規模地震・津波が想定されることを踏まえた，防災に配慮した地域づくり

選択科目 II-2 「港湾及び空港」の出題傾向

年度	No.	キーワード
R 6	1	個別の重要港湾または国内航空輸送網の拠点空港における，脱炭素化推進計画の作成
	2	供用中のケーソン式岸壁または滑走路における，レベル1地震動に対する液状化とその対策
R 5	1	外港地区に現計画の施設規模を超える大型貨物船を受け入れる公共ふ頭を港湾計画に位置づけることに伴う静穏度の不足
	2	内湾に位置するケーソンを用いた埋立護岸における，吸出しの疑いがある陥没に対する護岸の復旧
R 4	1	機能が不足する港湾や空港の埠頭地区やターミナル地区における，当該地区の物流や人流の機能を再編し強化する基本計画
	2	海上に建設される港湾や空港における桟橋や進入灯橋梁等の鋼構造物の顕著な劣化に伴う適切な維持管理
R 3	1	台風や爆弾低気圧による港湾や空港の波浪被害増大に伴う，波浪に対する要求性能の照査及び対策工の検討
	2	デジタルトランスフォーメーションによる運営プロセスの変革に向けた，ターミナル内外における旅客の誘導や貨物の搬入搬出のスマート化
R 2	1	地域防災計画における対象地震の見直しに伴う BCPの見直し
	2	供用中のケーソン式係船岸または供用中の滑走路を対象とした新たな地震対策

年度	No.	
R 1	1	平成30年9月の台風21号における高潮による大阪湾の港湾や空港の大被害を踏まえた高潮対策
	2	コンテナ埠頭の岸壁延伸または海上空港の滑走路増設のための海面埋立工事の施工計画策定

選択科目Ⅱ-2 「電力土木」の出題傾向

年度	No.	キーワード
R 6	1	ダムの運用高度化に伴う洪水に対処する必要があるダムの降雨・流入量予測に係る運用業務
	2	急傾斜地に近接している場合や盛土上に設置された電力土木施設の斜面の崩壊による影響
R 5	1	電力土木施設における巡視点検時の著しい劣化事象への対応
	2	既存ダムにおける未利用エネルギーを活用した水力発電促進計画の策定
R 4	1	重要な既存電力土木施設における大規模地震の発生に備えた検討
	2	再生可能エネルギー拡大を目的とした既存電力土木施設の改造
R 3	1	施設の基礎地盤や周辺斜面などの変状による電力土木施設の健全性や機能などへの影響
	2	海外電力事業を推進するためのさまざまなリスクへの対策
R 2	1	施設の品質及び安全性の確保やコストダウンのためのデジタルテクノロジーの活用
	2	電力土木施設の建設・維持管理における水理シミュレーションを用いた水理検討
R 1	1	電力土木施設の建設や維持管理を行う際の，地下水・湧水や漏水による施工品質や健全性への影響
	2	電力土木施設の運用や保全を行う際の土砂堆積

選択科目 II-2 「道路」の出題傾向

年度	No.	キーワード
R 6	1	道路空間を活用した地域公共交通（BRT）の導入を計画
	2	沿岸部の鉄道上空にかかる主要幹線道路の橋梁（鋼）における3回目の定期点検
R 5	1	鉄道とバス・タクシー等の乗り換え利便性向上や各交通機関の待合環境の改善等を目的とした，新たな交通拠点（特定車両停留施設）の計画
	2	交差点立体化事業における高架橋（鋼橋）架設工事
R 4	1	地域活性化を目的としたスマートIC計画
	2	暫定2車線で開通している高規格道路の土工区間における4車線化事業
R 3	1	未就学児を中心に子供が日常的に集団で移動する経路等の安全確保を目的とした，生活道路を含めた緊急的交通安全対策
	2	都市間を結ぶ高速道路の橋梁における鉄筋コンクリート床版の取替え工事
R 2	1	重要物流道路に指定されているある幹線道路沿いにおける大規模小売店の立地計画に伴う，周辺道路の渋滞発生等の交通阻害
	2	占用物件の老朽化に起因する路面陥没や上水道の断水といった事象を踏まえた市街地での舗装修繕工事
R 1	1	地区に関係のない自動車の走行やスピードの出し過ぎなどの問題に対する交通安全対策（ゾーン対策）
	2	市街化の進んだ地域内を通過するバイパスの新設事業（河川と鉄道とが並行する箇所を橋梁でオーバーパスする区間）の工程管理

選択科目 II-2 「鉄道」の出題傾向

年度	No.	キーワード
R 6	1	地平駅舎と島式ホームを結ぶこ線橋の混雑緩和とバリアフリー化を図るためのこ線橋と昇降設備の整備
	2	駅を含むある区間における旅客利便性を向上させるためのスピードアップ

年度	No.	
R 5	1	駅構内に自由通路を整備した既存地平駅舎の橋上化プロジェクト
	2	仮土留め工を用いた大規模な鉄道近接の掘削工事
R 4	1	連続立体交差事業に伴う現在の地上駅を地下駅とするプロジェクト
	2	鉄道設備・構造物のメンテナンスデータの一元管理
R 3	1	最大震度6強の地震発生に伴う運転再開時期の判断を含めた復旧方針
	2	道路と交差する踏切を改良するための単独立体交差化
R 2	1	保守業務効率化の一環とする状態監視保全の導入
	2	幹線道路と交差する鉄道新線橋りょうの構造における，軌道構造との関連及び交差条件を踏まえた上部工構造計画
R 1	1	降雨による切土区間の自然斜面での土砂崩壊発生及び線路への土砂流入
	2	複数の家屋が山上及び坑口予定地付近に存在する高速鉄道複線山岳トンネルの建設

選択科目 II - 2 「トンネル」の出題傾向

年度	No.	キーワード
R 6	1	自然由来重金属等含有土の分布が想定される地山を対象とした山岳工法によるトンネルの新設検討
	2	都市部に築造されるトンネルの性能の確保
R 5	1	高圧で多量の湧水が予想される未固結地山における，突発的な出水回避・施工の安全性確保・トンネルの機能性確保・トンネル周辺環境を考慮した対策
	2	都市部におけるトンネル築造に伴う地盤変状を極力小さくするための取組
R 4	1	複数の断層破砕帯が存在する泥質岩（軟岩）地山における，切羽での施工の安全性を確保するための補助工法
	2	施工深度が大きいトンネルの築造
R 3	1	坑門から土被りで1.5〜2.0Dとなる「坑口部」を供用後にも安定した状態で保つためのトンネル施工
	2	都市部のトンネル施工における地盤の挙動を把握

R 2	1	矢板工法で施工された既設トンネルの直下に山岳工法により新設トンネルが施工されるケース
	2	都市トンネル本体に有害な影響が生じることが想定される場合の適切な検討
R 1	1	帯水した未固結地山における山岳工法（排水型）によるトンネルの施工
	2	トンネル工事に起因した変状の発生が社会生活の維持や周辺環境の保全に与える影響

選択科目 Ⅱ-2 「施工計画，施工設備及び積算」の出題傾向

年度	No.	キーワード
R 6	1	市街地の道路下に鉄筋コンクリート構造物を構築する工事（軟弱地盤）における，ソイルセメント地下連続壁での開削工事
	2	地すべりが発生し，集落へ通じる村道が通行不能となった場合の被害拡大防止
R 5	1	必要な計画高水流量を安全に流下させるための河川整備計画の一部である護岸整備工事
	2	地方都市の自動車専用道路に架かる RC桁橋における，縦目地を設けずに既設部と構造的に一体化して上部工拡幅部を設ける工事
R 4	1	地方都市郊外の丘陵地を切土して盛土する大規模宅地造成工事
	2	鉄道トンネルを整備するためのシールドトンネルの発進立坑構築中の異常出水
R 3	1	幹線街路下において商業施設と地下街を連絡するための，プレキャスト構造の地下通路を開削工法にて新設する工事
	2	住宅が密集する市街地における鉄道新線建設（高架構造）の下部工工事
R 2	1	2車線道路橋の橋脚1基を河川区域内に建設する工事
	2	既成市街地内の幹線道路下における，開削工法（ソイルセメント柱列式地下連続壁工法）による新駅工事
R 1	1	都市近郊の2車線道路橋を新設する工事における，張出し式橋脚のコンクリート工の施工計画策定

	2	4車線の幹線道路を横断する老朽化した場所打ち鉄筋コンクリートボックスカルバートを撤去し，プレキャストボックスカルバートに更新する工事

選択科目 II-2　「建設環境」の出題傾向

年度	No.	キーワード
R 6	1	環境影響評価法に定める第一種事業に当たる道路事業が，景観資源が複数存在する地域で計画されていることに伴う「景観」への環境影響評価
	2	トンネル掘削により発生する自然由来重金属等含有土による地下水の汚染や自然由来重金属等含有土の拡散等がないようにする長期的な汚染拡散の防止措置等
R 5	1	鉄道事業に伴う陸生の動植物及び陸域生態系に関する環境影響評価
	2	閉鎖性海域における「豊かな海」を目指した海の再生計画策定
R 4	1	環境影響評価法に定める第一種事業に当たる事業の方法書作成における水環境に係る部分の作成
	2	建設事業の事業着手にあたり猛禽類に対する環境保全措置の実施における，環境影響評価法に定める事後調査及び環境保全措置等に係る報告書の作成・公表
R 3	1	環境影響評価法に定める第一種事業に当たる新幹線事業の環境影響評価
	2	建設工事において大規模な土地の形質の変更を行うにあたり，地盤汚染に由来する環境影響をできる限り回避又は低減
R 2	1	海域の公有水面埋立事業における，工事の実施及び埋立地の存在に係る環境影響評価
	2	大規模な水害・土砂災害後の復旧対策によって生じる地域の自然環境への影響
R 1	1	環境影響評価法や地方公共団体の環境影響評価に関する条例の対象とならない建造物を新設に伴う，自主的な環境影響評価
	2	アンケートを活用した適切な手法による環境整備の効果を便益として計測

(2) 選択科目Ⅱ-2の対策

選択科目Ⅱ-2は，設問ごとの内容が毎年同様の出題傾向となっています。

設問1．調査・検討すべき事項
設問2．手順・留意点・工夫点
設問3．関係者との調整方策

科目によっては上記と異なる問われ方もしますが，科目の中だけで見ると毎年同じような問いかけとなっています。まず，この問いかけに対する"型"を準備しておくことが一番の対策になります。もちろん，今後異なる問いかけになるかもしれませんが，型を身に付けておくことで，応用できると考えます。

過去問に取り組む際は，出題頻度が高いものや，自分の関わったことのある業務に近いものから取り組むようにしてください。出題キーワードが似ていれば，問題文が変わっても対応しやすいので，一つ終われば多くの問題に応用できます。その後，別のジャンルの問題に取り組むことで，解答できる分野が拡大していきます。

(3) 業務として経験していれば有利だが油断は禁物

選択科目Ⅱ-2において，関わったことのある業務と似たものが出題となることもあり得ます。その場合，実際のイメージがつきやすく，スラスラと書けるのではないかと思います。ただし，ご自身の経験をそのまま書いたらいいかというと，注意が必要です。コンピテンシーを意識する必要があるからです。

選択科目Ⅱ-2で評価されるコンピテンシーは，「専門的学識」「マネジメント」「リーダーシップ」「コミュニケーション」です。ご自身の経験の中で，これらが網羅されていない場合は，必ず整理した上で言及する必要があります。コンピテンシーは，型の中で入れ込む位置をある程度決めておくと，忘れずに記載することができます。具体的には次のようになります。詳細は後述します。

設問1．調査・検討すべき事項⇒　専門的学識（，コミュニケーション）
設問2．手順・留意点・工夫点⇒　マネジメント（，コミュニケーション）

設問3．関係者との調整方策⇒　リーダーシップ（，コミュニケーション）

(4)　自分の周辺業務と照らし合わせる

　過去問を見て，自分の周辺業務と照らし合わせておくと，解答しやすくなります。上記のとおり，自分で行っていた場合は，コンピテンシーも踏まえて業務内容の整理を行うと良いです。一方，他の人が実施していた業務である場合は，工事書類や会議議事録等の関係資料を参考にすることで，各設問に対する解答が整理できます。

　自分の周辺業務に照らし合わせると，具体的なイメージができるため，記憶にも残りやすいです。また，業務の振り返りや見直しのきっかけにもつながると考えます。

(5)　責任者の立場で考える

　選択科目II-2は，誰目線で解答するかで内容が変わってきます。問題文を見ると，「計画業務の責任者として，……」「担当責任者として，……」と立場が記載されているものもあれば，「～に携わることとなった場合を想定して」「担当技術者として，……」のように，漠然としている場合もあります。

　明確に指定されていれば，それに従えば良いですが，指定されていない場合でも，基本的に責任者の立場で解答する必要があります。もしかしたら，業務の中では一担当者しか経験がないかもしれません。しかし，そのような場合でも責任者の立場として記載しなければなりません。普段の業務から責任者の立場で物事を考えることも大事です。

　ほとんどの人が，やったことのない業務に対して，この選択科目II-2で向き合うことになります。そのため，ご自身の知識や経験をもって，いかに新たな業務に対峙できるかの応用能力を判断されることになります。

4-2 選択科目 II−2 の型と戦術

選択科目 II−2 は，業務を進めていく上で必要な知識・経験と，その知識・経験を使って他の事例にどのように応用していくかが求められます。

ここでは，代表的な型と記載方法について説明します。

(1) 代表的な型

近年の選択科目 II−2 では，設問数が三つのため，まず設問に合わせた文章量の配分が必要となります。配分は次が目安です。

設問1．調査・検討すべき事項
　　　⇒　3／4ページ
設問2．手順・留意点・工夫点
　　　⇒　3／4ページ
設問3．関係者との調整方策
　　　⇒　1／2ページ

また，それぞれの設問の中でも項を立てることとなるため，それらの項についてもバランスよく配置する必要があります。代表的な出題の仕方と，それに対する解答の型を次に示します。

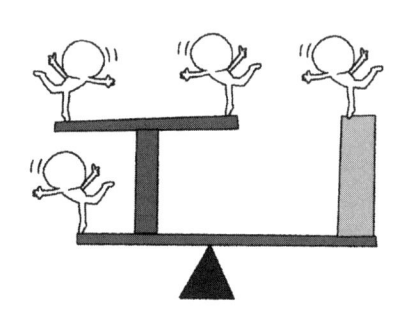

選択科目 II − 2 の解答の型（1／2）

サンプル	解答の型 （項番号・タイトル・文章量の例）
【サンプル】 　……となっている。……を行うにあたり，下記の内容について記述せよ。 1．事前に調査，検討すべき事項とその内容について説明せよ。 2．前問1の事前の調査，検討の結果を踏まえ，事業計画の策定までの業務手順を列挙し，それぞれの段階で留意すべき点，工夫を要する点を述べよ。 3．業務を効率的，効果的に進めるための関係者との調整方策について述べよ。	1．○○のために調査・検討すべき事項 (1)　調査・検討すべき事項①のタイトル (2)　調査・検討すべき事項②のタイトル (3)　調査・検討すべき事項③のタイトル 　　（各項，本文 3 〜 5 行ずつ） 2．業務手順，留意点，工夫点 (1)　手順①のタイトル (2)　手順②のタイトル (3)　手順③のタイトル 　　（各項，本文 3 〜 5 行ずつ） 3．関係者との調整方策 (1)　関係者①のタイトル (2)　関係者②のタイトル (3)　関係者③のタイトル 　　（各項，本文 3 〜 4 行ずつ）

選択科目 II – 2 の解答の型（2／2）

実際の出題例	解答の型 （項番号・タイトル・文章量の例）
【実際の出題例】 　一定の基盤整備がなされているものの，細分化された土地や空き地・空き家などの低未利用地が散見されている人口30万人の地方都市の既成市街地内において，土地の有効利用を促進するために，敷地を集約化・共同化する小規模な土地区画整理事業を実施することとなった。事前の調査や事業計画の策定に関する業務を担当責任者として進めるに当たり，小規模な土地区画整理事業の特徴に留意し，下記の内容について記述せよ。 1．事前に調査，検討すべき事項とその内容について説明せよ。 2．前問1の事前の調査，検討の結果を踏まえ，事業計画の策定までの業務手順を列挙し，それぞれの段階で留意すべき点，工夫を要する点を述べよ。 3．業務を効率的，効果的に進めるための関係者との調整方策について述べよ。 **【R 6 都市及び地方計画 II – 2 – 1 】**	1．土地区画整理事業のために調査・検討すべき事項 (1)　既存の土地利用状況の把握 (2)　都市計画との整合性 (3)　土地利用の変更に伴う経済的・社会的影響 　　（各項，本文 3 〜 5 行ずつ） 2．業務手順，留意点，工夫点 (1)　基本方針の決定 (2)　事業区域の決定 (3)　事業計画の策定 　　（各項，本文 3 〜 5 行ずつ） 3．関係者との調整方策 (1)　地域住民，地権者 (2)　公共インフラ事業者 (3)　行政機関各部署 　　（各項，本文 3 〜 4 行ずつ）

(2) 「1. 調査・検討すべき事項」等の書き方

　設問1では，「調査・検討すべき事項」を問う選択科目が多いですが，中には，「収集・整理」「調査・把握」といったものもあります。ここでは，「調査・検討すべき事項」として説明しますが，言葉が変わったとしても応用できます。

　まず，各項のタイトルを「〜の調査」「〜の検討」と分けて，調査のみ，検討のみの内容を記載する方がとても多いです。しかし，調査は検討をするための情報やデータを集めるための手段です。別々の行為である一方で連続した行為のため，調査した内容を基に検討するといった書き方にすることで，業務遂行に一貫性が出てきます。そのため，調査と検討を関連付けた表現をしたほうが良い解答になります。例えば，次のようになります。

> **【調査・検討すべき事項の書き方の例】**
> **<u>●●の現状把握</u>**
> 　●●に関して調査する。調査結果に基づき，▲▲を検討する。
>
> **<u>○○の影響</u>**
> 　○○に関して検討する必要がある。そのため，△△について調査を行う。

　また，調査・検討すべき事項に記載するものとしては，コンピテンシーの専門的学識を考慮する必要があります。この業務において何を優先して調査・検討すべきかを明らかにすることと，より具体的な手法や対策工法等をもって専門性を伝えることが必要となります。解答例を次に示します。

> **【調査・検討すべき事項の解答例】**
> **<u>生態系への影響</u>**
> 　工事による対象生物の産卵への影響を最小限にするため，代償地確保の検討を行う。代償地の検討を行うために，過年度の産卵位置を調査する。
>
> **<u>現地状況の調査</u>**
> 　地盤調査として地形，地質，地下水状況等を調査する。これにより，各施工段階における既設構造物への影響度を検討する。

(3) 「2．手順・留意点・工夫点」等の書き方

　設問2では，「手順・留意点・工夫点」を問う選択科目が多いですが，"施工計画，施工設備及び積算"の最近の出題では，「PDCAサイクルにおける考慮すべき事項，具体的方策」といった問われ方をしています。いずれも，一連の手順の内容を具体的に説明する必要があります。

　「手順・留意点・工夫点」の書き方は，重要な手順について述べた後に，その留意点や工夫点を加えていく流れとなります。手順を細かくしすぎてしまうと書ききれなくなってしまうので，3，4個程度としておくのが無難です。手順として記載するものは，コンピテンシーのマネジメントを意識した業務の流れです。次の記載例を参考としてください。

【手順の例①】PDCAを意識した大まかな分類
- 準備段階
- 調査・検討段階
- 実行・評価段階
- とりまとめ段階

【手順の例②】業務内容に落とし込んだ分類
- プロジェクト準備
- 調査結果の整理・分析
- 基本方針の設定
- 事業計画の立案・策定
- 詳細設計と工事準備
- 工事施工・監督
- モニタリング・評価

　次に，手順の内容を簡単に説明した後に留意点と工夫点を記載する必要があります。それぞれの意味合いは次のとおりです。

　留意点と工夫点については，いきなり，「留意点は○○である」「△△に工夫する」と書くと唐突感があります。「〜のため，留意点は○○である」のように，その理由を先に書くことにより，留意点の合理性が高まります。留意点と工夫点は，それぞれの手順の中でどちらか一つ（または両方）を入れるようにしてください。

　なお，手順の内容を書かずに，留意点と工夫点のみを記載しているケースがよく見られます。留意点と工夫点は詳細な事柄が多いことから，それのみでは手順の中のごく一部しか見えなくなる恐れがあります。見出しに記載した手順を説明し，その後に留意点・工夫点を記載することで，手順の全体から詳細へとフォーカスし，つながりが見えやすくなります。解答例を次に示します。

【手順・留意点・工夫点の解答例】

脆弱性評価

　設定したリスクシナリオを回避するうえで不足している対策を抽出し，地域の脆弱性を評価する。工期内での多様な関係者の知見活用に留意し，設定したリスクシナリオと施策分野をマトリクス状に整理し，対策不足部分を可視化する工夫を行う。

工事施工

　施工計画に基づいて工事施工する。施工中は，重機等が営業線の建築限界支障を起こさないように，レーザー検知による接近防護装置を設置し，事故を未然防止するように工夫する。

(4) 「3. 関係者との調整方策」の書き方

　設問3では，「関係者との調整方策」が問われます。試験で出題される規模のプロジェクトを実施する場面では，関係者が多く存在することになります。「関係者との調整方策」を書くあたっては，まずは，重要なステークホルダー（利害関係者）の洗い出しを行います。ステークホルダーの例を次に示します。

【ステークホルダーの例】
- 地域住民
- 発注者
- 協力会社
- インフラ会社（鉄道会社，電力会社，空港など）
- 行政機関（道路事務所，河川事務所など）
- 市町村
- 自治会，町内会
- 学術機関（大学，研究機関など）
- 社内関係者

　ステークホルダーのうち，最も調整が重要となるものを2，3箇所選び，調整内容を記載します。調整内容は，コンピテンシーのうち，特にリーダーシップを意識したものになるようにしてください。ここでのリーダーシップとは，複数の関係者の利害要求に対して，技術提案をもって調整することであり，加えて，その提案を説明し，円滑にプロジェクトを進めていくコミュニケーションも意識することが必要です。

　「〜について，関係者とコミュニケーションをとりながら調整する」しか書いていないものをよく見かけますが，とても漠然としています。次を参考として，具体的に記載するようにしてください。

【効果的なリーダーシップの発揮の例】
- プロジェクトの初期段階で，すべての関係者に対して明確なビジョンと目標を提示する。
- 共通のゴールを設定することで，関係者間の方向性を一致させ，協力体制を強化する。
- チーム内で迅速に意思決定を行うために，必要に応じて権限を委譲し，問題が発生した場合でも迅速に対応できるようにする。

【双方向のコミュニケーションの促進の例】
- 定期的に関係者からのフィードバックを受け付け，それに基づいてプロジェクト計画を適宜修正する。
- 公開ミーティング，ソーシャルメディアなど，さまざまな手段を使って情報を共有し，情報の公開や進捗報告を通じて透明性を確保する。

【リスクコミュニケーション，コンフリクトマネジメントの例】
- プロジェクトの進行において予想されるリスクについて，事前に関係者全員と共有し，リスクが顕在化した際の対応策を協議する。
- 意見の不一致が生じた場合，中立的なファシリテーターを用いて公平な討議を促す。

解答の記載例を次に示します。

【関係者との調整方策の記載例】
業務担当者

　業務担当者間で定期的に業務連絡会議を行う。会議では業務進捗状況を確認し，工程調整や技術的判断の妥当性を審査する。これによりミスや手戻りを防止し，業務を効率的に進める。

工事関係者

　工事全体計画や緊急時の連絡体制を工事関係者全員と共有する。異常時に，速やかに工事中止，応援要請等ができるよう，関係者との協力体制を重視する。

4-3 評価される解答

選択科目Ⅱ-2の論文の例として，評価される解答を示します。この論文は，実際の技術士試験でA評価だった再現答案をベースにして構築しています。

【出題】大規模な掘削工事

線路や鉄道構造物に近接して実施する仮土留め工を用いた大規模な掘削工事について，安全対策を計画し，施工を行うこととなった。この業務を担当責任者として進めるに当たり，下記の内容について記述せよ。
(1) 調査，検討すべき事項とその内容について説明せよ。
(2) 留意すべき点，工夫を要する点を含めて業務を進める手順について述べよ。
(3) 業務を効率的，効果的に進めるための関係者との調整方策について述べよ。

【R5 鉄道Ⅱ-2-2】

【論文の要点】

調査，検討事項	手順，留意点，工夫点	関係者との調整

調査，検討事項

現地状況の調査
施工位置，種類，施工方法等
地形，地質，地下水状況等
⇒近接程度の範囲
線路や既設構造物への影響度

施工方法の妥当性
構造物位置，形状，変状の有無
⇒変形予測と防止対策

近接影響の検討
影響範囲（距離・角度等）
FEM解析を実施し，地盤面への影響を検討
⇒設計の妥当性

手順，留意点，工夫点

調査・計画策定
工事ヤード，工事車両の搬入路の確保工区が複数にわたる場合
⇒広範囲に活用できるヤード

軌道等の計測管理計画の策定
軌道の整備目標値や基準値を考慮
⇒警戒値，工事中止値，限度値等を設定
⇒具体的な対応方法を整理

工事施工
重機等が営業線の建築限界支障
⇒レーザー検知による接近防護装置

関係者との調整

工事関係者
工事全体計画や緊急時の連絡体制
⇒工事関係者全員と共有
⇒速やかに工事中止，応援要請

鉄道運行関係者
施工時期，使用重機等の工事概要を事前共有
⇒工事施工に対する認識の齟齬防止

近隣住民
夜間騒音や交通
⇒工事の内容と計画の重要性を説明

1	.		掘	削	工	事	に	あ	た	り	調	査	，		検	討	す	べ	き	事	項		
（	1	）		現	地	状	況	の	調	査													
	掘	削	工	事	の	施	工	位	置	，		種	類	，		施	工	方	法	，		仮	土	留	め	工
の	方	法	等	を	調	査	す	る	。	ま	た	，		地	盤	調	査	と	し	て	地	形	，		地
質	，		地	下	水	状	況	等	を	調	査	す	る	。	こ	れ	ら	よ	り	，		各	施	工	段
階	に	お	け	る	，		近	接	程	度	の		範	囲	と	掘	削	工	事	に	よ	る	線	路	や
既	設	構	造	物	へ	の		影	響	度	を		検	討	す	る	。							
（	2	）		施	工	方	法	の	妥	当	性													
	掘	削	工	事	の	施	工	方	法	の		妥	当	性	を	確	認	す	る	た	め	，		既	設
構	造	物	の	位	置	，		形	状	，		変	状	の	有	無	等	を	調	査	す	る	。	そ	の
際	，		線	路	や	既	設	構	造	物	に	変	形	等	の	影	響	を	及	ぼ	す	こ	と	を
想	定	し	，		変	形	予	測	と	防	止	対	策	を	検	討	す	る	。					
（	3	）		近	接	影	響	の	検	討														
	掘	削	に	伴	う	近	接	す	る	鉄	道	営	業	線	へ	の	影	響	と	し	て	，		影
響	範	囲		（	距	離	・	角	度	等	）		を	調	査	す	る	。	ま	た	，		F	E	M	解	析
を	実	施	し	，		地	盤	面	へ	の	影	響	を	確	認	す	る	こ	と	に	よ	り	，		設
計	の	妥	当	性	を	検	討	す	る	。													
2	.		業	務	を	進	め	る	手	順	と	留	意	点	，		工	夫	点					
（	1	）		調	査	・	計	画	策	定													
	営	業	線	の	安	全	運	行	を	前	提	と	し	た	調	査	・		計	画	策	定	を	行
う	。	施	工	性	の	確	保	の	た	め	，		工	事	ヤ	ー	ド	を	最	大	限	確	保	す
る	と	と	も	に	，		工	事	車	両	の		搬	入	路	の	確	保	に	留	意	す	る	。	特
に	都	市	部	の	工	事	で	は	，		こ	れ	ら	の	用	地	が	限	定	さ	れ	る	。	そ
の	た	め	，		工	区	が	複	数	に	わ	た	る	場	合	は	，		広	範	囲	に	活	用	で
き	る	ヤ	ー	ド	を	確	保	す	る	工	夫	を	す	る	。								

（2）軌道等の計測管理計画の策定

仮土留めの施工方法や掘削による鉄道営業線への影響検討の結果を踏まえ，施工中の軌道及び仮土留めの計測管理計画を策定する。策定時は，軌道の整備目標値や基準値を考慮して，警戒値，工事中止値，限度値等を設定し，各管理値に達した場合の具体的な対応方法を整理することに留意する。

（3）工事施工

施工計画に基づいて工事施工する。施工中は，重機等が営業線の建築限界支障を起こさないように，レーザー検知による接近防護装置を設置し，事故を未然防止するように工夫する。

3．関係者との調整方策

（1）工事関係者

工事全体計画や緊急時の連絡体制を工事関係者全員と共有する。異常時に，速やかに工事中止，応援要請等ができるよう，関係者との協力体制を重視する。

（2）鉄道運行関係者

列車運行に支障が生じないように，あらかじめ，施工時期，使用重機等の工事概要を共有することで，工事施工に対する認識の齟齬をなくしておく。

（3）近隣住民

工事による夜間の騒音や交通制限が予想される。近隣住民にはあらかじめ工事の内容と計画の重要性を説明し，理解を得るように協議を進める。　　　　　以上

142

5章

選択科目Ⅲ
（3枚論文）の戦術

5-1 選択科目Ⅲ（3枚論文）の分析

選択科目Ⅲは，3枚（600字×3枚）で出題されています。試験内容は次のようになっています。

Ⅲ 選択科目

「選択科目」についての問題解決能力及び課題遂行能力に関するもの

記述式　600字×3枚［30点］【2問出題1問選択解答】

概念	社会的なニーズや技術の進歩に伴い，社会や技術における様々な状況から，複合的な問題や課題を把握し，社会的利益や技術的優位性などの多様な視点からの調査・分析を経て，問題解決のための課題とその遂行について論理的かつ合理的に説明できる能力
出題内容	社会的なニーズや技術の進歩に伴う様々な状況において生じているエンジニアリング問題を対象として，「選択科目」に関わる観点から課題の抽出を行い，多様な視点からの分析によって問題解決のための手法を提示して，その遂行方策について提示できるかを問う。
評価項目	技術士に求められる資質能力（コンピテンシー）のうち，専門的学識，問題解決，評価，コミュニケーションの各項目

出典：令和6年度 技術士第二次試験受験申込み案内　［日本技術士会］

---

(1) 選択科目Ⅲの出題傾向

出題傾向を掴むためには，過去問5年分程度を確認することが必要です。選択科目ごとに幅広く出題されており，具体的な事象を受けての対応方法なども問われています。また，出題内容が必須科目Ⅰと似通っているため，7章の内容も合わせてご確認いただくと効果的です。

令和元年度から令和6年度の選択科目Ⅲの出題傾向として，選択科目ごとに出題されたキーワードは次のとおりとなっています。

選択科目Ⅲ 「土質及び基礎」の出題傾向

年度	No.	キーワード
R 6	1	建設後50年以上経過する構造物の中でも多くを占める地盤構造物（盛土，切土，擁壁，構造物基備等）への適切な対応
	2	令和3年，熱海市伊豆山での土石流を鑑みた盛土（宅地造成，道路，鉄道，河川等）の豪雨や地震に対する被害軽減
R 5	1	気候変動による豪雨，洪水等に起因する災害被害の低減における，新設または改修する地盤構造物の計画・調査，設計及び施工
	2	持続可能な社会を構築するための環境負荷低減における，新設または改修する地盤構造物の計画・調査・設計及び施工
R 4	1	新設する地盤構造物の調査・設計・施工に関する生産性の向上
	2	既設の地盤構造物の災害に対するリスク評価
R 3	1	新たに地盤構造物（盛土，切土，擁壁，構造物基礎等）を建設する際の，環境問題に対応した新技術の開発・導入の推進
	2	老朽化した地盤構造物における災害リスクを踏まえた維持管理
R 2	1	地盤構造物の効率的・効果的な維持管理に向けて，i-Constructionに代表される建設プロセスへのICT技術の導入
	2	従前想定していなかったような大規模な自然災害への対応を含めたハードとソフトの一体的な対策の立案
R 1	1	膨大な数の地盤構造物を対象にした点検から維持管理までの一連の計画策定
	2	地盤の不確実性の影響を考慮した地盤構造物の計画及び建設

選択科目Ⅲ 「鋼構造及びコンクリート」の出題傾向

年度	No.	キーワード
R 6	1	高度経済成長期に数多く建設されたインフラの維持管理時代に突入したことを踏まえ，建設段階では想定していなかった不具合への具体的な対応
	2	カーボンニュートラルの実現に向けた，CO2削減への取り組み推進

年度	No.	キーワード
R 5	1	今後，減少していく熟練技術者の技術・技能，建設業界として培ってきた技術の伝承及び次世代の技術者の育成
	2	省力化や働き方改革等に向けた構造物の調査，設計，製作，施工，維持管理の業務効率化の取り組み
R 4	1	膨大な数の構造物に対策の優先順位を考慮した，社会インフラに対する老朽化対策の立案
	2	サプライチェーンマネジメントの積極的な推進
R 3	1	建設・維持管理の現場における新材料・新工法の活用
	2	新しいメンテナンス手法の導入やシナリオの転換が求められる中での，予防保全型メンテナンスの推進
R 2	1	「i-Construction」を推進し，全体の効率化・高度化を図るためのBIM/CIMの活用による生産性の向上
	2	コスト縮減や技術開発の促進，アカウンタビリティーの向上，国際化への対応等を図ることを目的とした，性能規定化の推進
R 1 鋼	1	さまざまな作業環境に起因した労働災害の防止
	2	構造安全性を損なう劣化・損傷を受けた場合の，適切な補修・補強策や再発防止策の立案
R 1 コン	1	質の高いインフラ整備を通して関係国の経済や社会的基盤強化に貢献するための，インフラシステムの海外展開
	2	二酸化炭素等の温室効果ガスを削減していくための取り組み

※ R 1 は鋼構造とコンクリートで各 2 題の出題

選択科目Ⅲ 「都市及び地方計画」の出題傾向

年度	No.	キーワード
R 6	1	旅行者の満足度が低下する等のオーバーツーリズムを鑑みた，旅行者の受け入れと住民の生活の質の確保を両立した持続可能な観光地域づくり
	2	首都直下地震等の巨大地震の発生が想定される中での，密集市街地の安全性の向上
R 5	1	人口が減少傾向にあり今後も空き家の増加が見込まれる地方都市の中心市街地における，空き家対策のさらなる充実・強化

R 5	2	緑の基本計画において，"カーボンニュートラル及び Well-beingを実現する都市"を目標とする都市像として掲げ，その達成に向けた取り組み
R 4	1	コンパクト・プラス・ネットワークの実現に向けた，まちの中心となる駅まち空間（駅・駅前広場と周辺街区）を魅力ある空間としての再構築
	2	開発から長期間が経過した大規模住宅団地における，居住者のニーズも踏まえた持続可能な住宅団地としての再生
R 3	1	コロナ禍の「新しい生活様式」を契機とした都市政策の検討
	2	歴史的資産の管理運営における，都市公園として入園料を徴収する指定管理者制度の導入，及び民間事業者からの提案に基づく建築物を活用した収益事業の導入
R 2	1	自然環境が有する多様な機能を活用し，持続可能で魅力ある国土・都市・地域づくりを進める取り組みである「グリーンインフラ」の実施
	2	空閑地や空き家が発生している地区における，土地所有者等により構成されるコミュニティ組織が広場や歩行空間を整備，管理運営する事業
R 1	1	地区レベルでの都市のスポンジ化対策としてのまちづくり
	2	鉄軌道を含む公共交通の分担率が一定程度ある地方の都市圏における，人口減少・少子高齢化を踏まえた都市の持続的経営を目的とした都市構造の再編

選択科目Ⅲ　「河川，砂防及び海岸・海洋」の出題傾向

年度	No.	キーワード
R 6	1	大規模地震に起因または影響して発生する水害，土砂災害，津波災害の被害を防止・軽減する「事前防災対策」
	2	水災害（洪水，内水，高潮，土砂災害）の激甚化・頻発化および気候変動の影響を考慮した，流域全体を俯瞰して取り組む「流域治水」
R 5	1	気候変動が，山地域，河川域，沿岸域の水害，土砂災害に及ぼす影響
	2	様々なデジタル技術の活用を考慮した，住民の避難行動に結び付く災害情報の提供・共有方法のあり方

R 4	1	洪水（外水氾濫），雨水出水（内水），津波，高潮，土砂災害による水災害リスクを踏まえた防災まちづくりの推進
	2	洪水，上砂，高潮・津波等の水災害に対する防災関係事業にかかる現行の事業評価手法における，社会経済情勢を踏まえた的確な評価手法
R 3	1	コロナ禍の影響もあって急速に進む社会変容，Society5.0の取り組みを踏まえた，アクセス困難な特性を有する施設が多数あることに対する水防災分野での遠隔化の取り組みの推進
	2	地震及び津波による水防災対策施設の被災状況把握のための，事前想定及び即時推定の結果に基づいた多様なセンシング情報の効果的な組合せ
R 2	1	データプラットフォームの実現を前提とした，ICTの調査・観測への活用
	2	国土を保全するため，流砂系全体としての持続可能な土砂管理の実現
R 1	1	近年の自然災害発生状況を踏まえた，自然災害時における防災のための重要インフラの機能維持
	2	平成30年7月豪雨等の近年の災害を踏まえた，人的被害や社会経済被害を最小化するために必要と考えられる対策

選択科目Ⅲ 「港湾及び空港」の出題傾向

年度	No.	キーワード
R 6	1	顕在化する物流の担い手不足に対応しつつ，我が国の物流機能の強化に貢献するための港湾や空港における取り組み
	2	気候変化に伴う被害の発生を防いでいくために港湾や空港において取り組む必要がある適応策
R 5	1	今日の経済社会情勢を踏まえた，国内立地企業のグローバルサプライチェーンの最適化に貢献するための，国際物流の視点から港湾や空港において取り組むべき対応
	2	気象・海象の大きな影響や航空機の離発着に伴う厳しい制約を受け，作業船や特別な機械を必要とする等の特徴を踏まえた，港湾・空港の工事における生産性の向上
R 4	1	アフターコロナを見据え，国際の物流・人流に着目した地方の経済振興に貢献するための港湾及び空港においての取り組み

年度	No.	キーワード
R 4	2	巨大地震による被害を防止または軽減するために行う，港湾及び海上空港における護岸等の耐震性調査・耐震改良
R 3	1	港湾及び空港における農産品やその加工品の輸出拡大に向けた取り組みを支えることを通じた地方の経済活性化への貢献
	2	2050年カーボンニュートラルの政府方針を踏まえたカーボンニュートラルポートの形成やエコエアポート施策の導入，供用段階での機能を果たす中での脱炭素化の取り組み
R 2	1	国際ゲートウェイである港湾及び空港が，訪日旅行の振興によって国民経済的便益を増大させるための役割
	2	担い手不足の中で生産性向上や働き方改革が求められる中，港湾または空港の工事において今後取り組むべき安全性向上や安全管理
R 1	1	国際インフラである港湾及び空港のインフラシステム輸出
	2	港湾または空港の基本的な施設のライフサイクルコスト縮減

選択科目Ⅲ 「電力土木」の出題傾向

年度	No.	キーワード
R 6	1	我が国の再生可能エネルギーの導入状況と2030年度の目標，電源の拡大
	2	保全業務の省力化とコストダウンを両立するための最新デジタル技術の積極的な活用を見据えた，電力土木施設における維持管理方法の現況を踏まえた将来の管理
R 5	1	電力施設を建設するための土木工事に関わる技術の維持及び継承
	2	電力システム改革の実現に向け，小売及び発電の全面自由化，送配電部門の法的分離など，電力事業を取り巻く環境変化を踏まえた我が国のエネルギー問題
R 4	1	気候変動による外力の増大が施設に及ぼす影響を踏まえた施設の維持管理
	2	再生可能エネルギーの拡大に向けた，持続的な発電事業を推進する上での地域社会との合意形成
R 3	1	電気事業を取り巻く環境が大きく変化する中での，電力土木技術者に期待されている役割の変化を踏まえた人材育成

年度	No.	
R 3	2	電力土木施設の運用期間中における，河川改修，道路新設，トンネル新設等の他事業の近接計画
R 2	1	電力土木施設の計画，建設，運用の各段階における，環境への影響に十分配慮した技術的な対応
	2	大規模地震等の自然事象により電力土木施設が損傷を受けた場合の公衆災害
R 1	1	電力の安定供給を確保しつつ料金を最大限抑制し，需要家の選択肢や事業者の事業機会を拡大する目的で進められてきた電力システム改革
	2	熟練した土木技術者の定年退職の増大に伴う，インフラ施設の計画，建設から維持管理，更新までの業務を適切に実施していく上での，技術継承

選択科目Ⅲ 「道路」の出題傾向

年度	No.	キーワード
R 6	1	2050年の将来を見据えた次世代の高規格道路ネットワークに求められる役割の実現
	2	令和6年能登半島地震を踏まえた大規模災害時における迅速な道路啓開
R 5	1	時代のニーズに応える交通安全の取り組み
	2	社会・経済情勢の変化や国民の価値観，ニーズの多様化に対応するための，高速道路のサービスエリア，パーキングエリアの多機能化
R 4	1	社会・経済情勢の変化，デジタル技術やモビリティ分野の進展等による，道路に対するニーズの多様化
	2	笹子トンネル天井板崩落事故を受けた高速道路を取り巻く国土・経済社会の現状等を踏まえた，その機能の将来にわたる維持
R 3	1	降雪に伴う大規模な車両滞留の徹底的な防止
	2	高速道路ネットワークの進展に伴う開通延長の約4割の暫定2車線区間
R 2	1	自転車に関する諸課題への対応の一環とする自転車道の整備や交通事故防止対策等の推進
	2	激甚化・頻発化する災害に備え，発災時に救命救急・復旧活動や広域的な物資の輸送等に貢献できる道路の計画

| R 1 | 1 | 2020年の東京オリンピック・パラリンピック競技大会の円滑な運営に向けた，平時の交通処理能力を大幅に上回る大会期間中の交通需要 |
| | 2 | 平成26年度に策定された定期点検要領等に沿った，二巡目となる道路橋の定期点検 |

選択科目Ⅲ 「鉄道」の出題傾向

年度	No.	キーワード
R 6	1	耐震設計の変遷を踏まえ，レベル2地震動相当以上の大地震発生を想定した，重要な鉄道構造物（地上の鉄筋コンクリート構造物）における地震対策
	2	地域交通のあり方やコスト低減等の取り組み，事業運営のあり方など，取り巻く環境の変化に対応した鉄道の将来にわたる持続的なメンテナンスの実現
R 5	1	大都市圏中心部で進む社会的意義・性質を備えた鉄道の建設事業
	2	コンクリート高架橋・橋りょうからのコンクリート・モルタル片の剥落による被害防止
R 4	1	防災・減災対策を推進するにあたり，豪雨災害等に伴う鉄道河川橋りょうの被災のメカニズムを踏まえた，既存の鉄道河川橋りょうの敷設状況
	2	コロナ禍を契機とした人々の生活様式の変容を踏まえた，鉄道工事のコスト縮減
R 3	1	輸送サービスのあり方や保守の効率化も踏まえた，鉄道工事における作業時間を確保する方策
	2	地域鉄道における列車脱線事故の防止の推進
R 2	1	多発する水害に対する，既存鉄道の安全・安定輸送を確保するため鉄道施設の強化
	2	都市鉄道におけるラッシュ時の慢性的な遅延の発生や人身事故等による輸送障害の発生に起因する定時性の低下に対応した施設改良
R 1	1	鉄道利用者の多様化の加速を考慮した都市鉄道における施設整備のあり方
	2	地方の鉄道の持続的な運営を前提とした鉄道施設の維持管理

選択科目Ⅲ 「トンネル」の出題傾向

年度	No.	キーワード
R 6	1	都市部における安全性・公益性及び品質の確保等に十分配慮した山岳工法でトンネル建設
	2	都市部の自立しない地盤でトンネルを長期にわたり使用する際の，さまざまな事項に配慮したトンネル計画の策定
R 5	1	山岳部のトンネルにおける完成後に作用する外力の影響に伴い発生する変状の抑制や変状の改修
	2	建設地点選定後にトンネルが所要の耐震性能を保有するための構造計画の策定
R 4	1	山間地のトンネル工事において配慮すべき周辺環境
	2	トンネルの用途にかかわらず適切に評価すべき作用の設定
R 3	1	山岳部のトンネル建設時に遭遇する特殊地山
	2	トンネルの要求性能における使用性の保持
R 2	1	施工計画における補助工法の要否判断
	2	供用開始後の地山や地下水の状態の変化により発生する変状
R 1	1	地山の崩落等の重大な労働災害や公衆災害の防止
	2	トンネルの計画における安全性，公益性，品質の適切な確保

選択科目Ⅲ 「施工計画，施工設備及び積算」の出題傾向

年度	No.	キーワード
R 6	1	建設工事従事者の処遇改善や働き方改革の取り組みを推進するにあたり，適正な請負契約の下で円滑に建設工事が実施される環境づくり
	2	被災状況に応じた，利用可能な資源を適切に割り当てる等の調整・マネジメントを実施した上での適切な契約
R 5	1	構造物の新たな整備から供用後までの各過程におけるカーボンニュートラルへの取り組みの推進
	2	令和6年4月からの改正労働基準法を考慮した建設現場での週休2日の確保

R 4	1	大規模・広域災害時における応急復旧工事
	2	社会資本の整備を持続的に円滑かつ適切に実行していくための，計画，調査・測量から設計，施工，検査，維持管理・更新までの建設生産プロセス
R 3	1	工事従事者の週休二日を実現するための施工計画の策定
	2	公共工事における適正な額での応札・落札
R 2	1	過疎化が進行しつつある地域におけるインフラの維持管理・更新
	2	担い手の育成・確保のため，元請負人（受注者）が下請負人（協力会社）と契約を締結する場合の，適正な利潤を確保することができる下請契約の締結
R 1	1	技能労働者の労働条件及び労働環境の改善，それに必要な費用の確保
	2	「建設リサイクル」（建設副産物の発生抑制，再資源化，再生利用及び適正処理）の推進

選択科目Ⅲ 「建設環境」の出題傾向

年度	No.	キーワード
R 6	1	生態系の健全性の回復を図るための，河川，道路，都市の緑地，海岸，港湾において生物の生息・生育地を保全・再生・創出する取り組みの推進
	2	防災・減災に寄与するグリーンインフラを一層普及させるとともに，あらゆる場面で実装（ビルトイン）させていくにあたっての取り組み
R 5	1	市街地が拡散した都市構造から集約型の都市構造へ転換を図るための取り組みを進めながら，同時に脱炭素型まちづくりの実現に向けた取り組みも進めるにあたり，市街地が拡散した都市構造が抱える二酸化炭素排出量の増加への対策
	2	整備内容に応じた河川環境の保全や影響緩和の検討
R 4	1	河川を基軸とした生態系ネットワークの現状
	2	コロナ禍を契機として生じた「在宅勤務・テレワークの増加」「自宅での活動時間の増加」「外出自粛に伴う購買行動の変化」という現状と，コロナ禍が収束した後において想定される状況を比較したときの，CO2 排出を抑制する上での人やモノの移動

R 3	1	健全な生態系の保全・再生・創出の手段として有効な生態系ネットワークの空間配置
	2	低炭素型・脱炭素型のまちづくりを実現する上で，市街地の拡散や人口密度の低下による「交通」「エネルギー」「みどり」分野の対策
R 2	1	ヒートアイランド現象
	2	グリーンインフラの取り組みを社会資本整備や土地利用等を進める際の検討プロセスへの取り込み
R 1	1	社会資本整備事業における，生物多様性の保全，再生等の取り組み
	2	「都市農業振興基本計画」等を踏まえた，都市農地の保全や都市農業の多様な機能の発揮に関する取り組み

(2) 選択科目Ⅲの対策

選択科目Ⅲでは出題傾向として，設問の問いかけが毎年同様の内容となっています。

設問1. 多面的な観点からの課題の抽出
設問2. 最も重要と考える課題とその解決策
設問3. 解決策を実行しても新たに生じうるリスクとそれへの対策
　　　　or 解決策を実行して生じる波及効果，懸念事項への対応策

上記が，共通する設問となっています。科目によっては上記と異なる問われ方もしますが，科目の中だけで見ると毎年同じような問いかけとなっています。まず，この問いかけに対する“型”を準備しておくことが一番の対策になります。今後異なる問いかけになるかもしれませんが，型を身に付けておくことで，応用できると考えます。

(3) 3枚論文は配点が高い反面，苦手とする人が多い

選択科目Ⅲと後述する必須科目Ⅰは，試験合格のための重要な鍵であり，3枚論文を制する者が技術士試験を制するといっても過言ではありません。

選択科目IIは，いずれも知識や経験が点数に直結しやすいため，勉強も3枚論文よりはしやすいといえます。しかし，3枚論文は"問題解決能力及び課題遂行能力"に重きが置かれるため，苦手とする人がとても多いです。

　逆に言うと，3枚論文が得意になれば，配点も高いことから確実に他の受験者と差をつけることができます。選択科目IIIと必須科目Iは出題が似通っているため，効率的な学習で苦手を克服することも可能です。

　試験対策としては，過去問で何度も論文作成の練習をしていくことです。最初は分野ごとの得意・不得意があると思いますが，多くの問題に触れることで，問題文に対する解答の仕方がわかるようになってきます。

5-2　選択科目Ⅲの型と戦術

　選択科目Ⅲは，ご自身が選択した科目における，専門知識，応用能力，問題解決能力及び課題遂行能力が問われます。1章でも記載のとおり，必須科目Ⅰと異なるのは，対象としている専門知識・考えです。選択科目Ⅲでは，その選択科目の深い専門知識・考えが問われることに注意が必要です。

　ここでは，代表的な型と記載方法の例について説明します。

(1)　代表的な型

　選択科目Ⅲは，3枚で設問三つに解答する必要があるため，基本的には同等の分量で記載する必要があります。しかし実際は，設問2は専門的な記述が多く文章量が多くなってしまうため，設問2で文章量が増えた分は，設問3の文章量を削るようにして対応します。

　　設問1．多面的な観点からの課題の抽出
　　　　　　⇒　1ページ
　　設問2．最も重要と考える課題とその解決策
　　　　　　⇒　1ページ強
　　設問3．解決策を実行しても新たに生じうるリスクとそれへの対策
　　　　　　or 解決策を実行して生じる波及効果，懸念事項への対応策
　　　　　　⇒　1ページ弱

　それぞれの設問の中で項を立てることとなるため，それらの項についてもバランスよく配置する必要があります。代表的な出題の仕方と，それに対する解答の型を次に示します。

サンプル	解答の型 （項番号・タイトル・文章量の例）
【サンプル その1】 ……となっている。……について，以下の問いに答えよ。 1．技術者としての立場で多面的な観点から3つ課題を抽出し，それぞれの観点を明記したうえで，課題の内容を示せ。 2．最も重要と考える課題を一つ挙げ，その課題に対する複数の解決策を示せ。 3．すべての解決策を実行しても新たに生じうるリスクとそれへの対策について，専門技術を踏まえた考えを示せ。	**1．○○に向けた技術的課題** ⑴　課題その1 ⑵　課題その2 ⑶　課題その3 　　（各項，本文7行ずつ） **2．最も重要な課題と解決策** 　最も重要な課題は，□□である。理由は，△△のためである。（2〜3行） ⑴　解決策その1 ⑵　解決策その2 ⑶　解決策その3 　　（各項，本文7行ずつ） **3．新たに生じうるリスク及び対策** ⑴　解決策を実行しても新たに生じうるリスク及び対策その1 ⑵　解決策を実行しても新たに生じうるリスク及び対策その2 ⑶　解決策を実行しても新たに生じうるリスク及び対策その3 　　（各項，本文6行ずつ）

選択科目Ⅲの解答の型（2／4）

サンプル	解答の型 （項番号・タイトル・文章量の例）
【サンプル その2】 ……となっている。……について，以下の問いに答えよ。 1．技術者としての立場で多面的な観点から3つ課題を抽出し，それぞれの観点を明記したうえで，課題の内容を示せ。 2．最も重要と考える課題を一つ挙げ，その課題に対する複数の解決策を示せ。 3．すべての解決策を実行して生じる波及効果と専門技術を踏まえた懸念事項への対応策を示せ。	**1．○○に向けた技術的課題** (1) 課題その1 (2) 課題その2 (3) 課題その3 　（各項，本文7行ずつ） **2．最も重要な課題と解決策** 　最も重要な課題は，□□である。理由は，△△のためである。（2〜3行） (1) 解決策その1 (2) 解決策その2 (3) 解決策その3 　（各項，本文7行ずつ） **3．波及効果及び懸念事項と対応策** (1) すべての解決策を実行して生じる波及効果 (2) 解決策を実行しても新たに生じうるリスク及び対策その1 (3) 解決策を実行しても新たに生じうるリスク及び対策その2 　（各項，本文6行ずつ）

実際の出題例	解答の型 （項番号・タイトル・文章量の例）
【実際の出題例 その1】 　令和5年3月に策定された「生物多様性国家戦略2023-2030」では，世界目標である「昆明・モントリオール生物多様性枠組」に対応するため，「2050年自然共生社会」及び「2030年ネイチャーポジティブ」の実現に向けた5つの基本戦略を掲げている。基本戦略の一つに「生態系の健全性の回復」が掲げられており，河川，道路，都市の緑地，海岸，港湾においても，生物の生息・生育地の保全・再生・創出の取組を推進することが必要である。このような状況を踏まえ，以下の問いに答えよ。 1．生態系の健全性の回復を図るため，河川，道路，都市の緑地，海岸，港湾において生物の生息・生育地の保全・再生・創出の取組を推進するに当たって，多面的な観点から課題を3点抽出し，その内容を観点とともに示せ。 2．前問1で抽出した課題のうち最も重要と考える課題を一つ挙げ，その課題に対する建設分野における複数の解決策を示せ。 3．前問2で示したすべての解決策を実行しても新たに生じうるリスクとそれへの対策について述べよ。 　　　　　　**【R6 建設環境 Ⅲ-1】**	**1．生態系の健全性回復への取組における技術的課題** (1)　都市開発と自然環境保護の調和 (2)　経済活動との調整 (3)　多様なステークホルダーとの連携 　　（各項，本文7行ずつ） **2．最も重要な課題と解決策** 　最も重要な課題は，都市開発と自然環境保護の調和である。理由は，△△のためである。（2～3行） (1)　エコシステムを考慮した開発計画 (2)　グリーンインフラの導入 (3)　環境影響評価の強化 　　（各項，本文7行ずつ） **3．新たに生じうるリスク及び対策** (1)　維持管理に関するコスト増加のリスク (2)　環境の過剰保護による経済活動停滞のリスク (3)　外来種の侵入と生態系撹乱リスク 　　（各項，本文6行ずつ）

実際の出題例	解答の型 （項番号・タイトル・文章量の例）
【実際の出題例 その2】 　都市部の自立しない地盤において，トンネルを長期にわたり使用するには，様々な事項に配慮したトンネルの計画を策定することが重要であり，計画段階での留意事項は，設計，施工の各段階においても様々な検討や対策が必要となる。このような背景を踏まえて，開削工法，シールド工法のどちらかを冒頭に明記したうえで，以下の問いに答えよ。 1．トンネルの計画を策定するうえで検討すべき課題を，技術者として多面的な観点から3つ以上抽出し，それぞれの観点を明記したうえでその課題の内容を示せ。 2．前問1から最も重要と考える課題を一つ挙げ，調査・計画から施工までの各段階におけるその課題に対する複数の解決策を，専門技術用語を交えて示せ。 3．前問2で示したすべての解決策を実行して生じる波及効果と専門技術を踏まえた懸念事項への対応策を示せ。 　　　　**【R6 トンネル Ⅲ-2】**	開削工法での計画について述べる。 **1．トンネルの計画を策定する上で 　の検討すべき課題** ⑴　地盤安定性と支持工法の選定 ⑵　近隣構造物やインフラへの影響 ⑶　環境対策と施工管理 　　（各項，本文7行ずつ） **2．最も重要な課題と解決策** 　最も重要な課題は，地盤安定性と支持工法の選定である。理由は，△△のためである。（2～3行） ⑴　地盤調査とシミュレーション（調査段階） ⑵　工法選定と掘削計画の最適化（計画段階） ⑶　段階的施工とモニタリング（施工段階） 　　（各項，本文7行ずつ） **3．波及効果及び懸念事項と対応策** ⑴　すべての解決策を実行して生じる波及効果 ⑵　地下水の流動変化による施工の遅延 ⑶　騒音・振動等発生による地域住民への影響 　　（各項，本文6行ずつ）

(2) 冒頭から注意が必要

　選択科目Ⅲでは，詳しい専門知識を問うために，「○○と△△のどちらかを冒頭に明記し，」といった制約が記載されていることがあります。例えば，次のような記載があります。

　我が国の国土は，地形，地質，気象等の面で極めて厳しい条件下にあり，近年，自然災害が頻発・激甚化している。とりわけ地震は影響が非常に大きいことから，調査・計画から施工までの各段階で様々な検討が必要となる。このような背景を踏まえて，開削工法，シールド工法のどちらかを冒頭に明記したうえで，以下の問いに答えよ。
1．建設地点選定後，トンネルが所要の耐震性能を保有するための構造計画を策定するうえで考慮すべき課題を，技術者として多面的な観点から3つ以上抽出し，それぞれの観点を明記したうえでその課題の内容を示せ。
2．前問1で抽出した課題のうち最も重要と考える項目を一つ挙げ，調査・計画から施工までの各段階におけるその課題に対する複数の解決策を，専門技術用語を交えて示せ。
3．前問2で示したすべての解決策を実行して生じる波及効果と専門技術を踏まえた懸念事項への対応策を示せ。

【R5 トンネル Ⅲ-2】

　このような制約がある場合は，設問に入る前に，何について述べるのかを次のように冒頭に簡潔に記載する必要があります。なお，前文ではなく設問の中で制約が記載されている場合は，設問に相当する項タイトルに続けて記載するのが無難です。

【冒頭の例】
　開削工法でのトンネル計画について述べる。
1．トンネルの計画を策定する上での検討すべき課題
　…（略）…

　このように，冒頭文を記載すればよく，「はじめに」などとタイトルを振る

必要はありません。長々と書くと，これ以降の設問に答える文章量が減るため，端的に記載することが求められます。

(3) 「1. 多面的な観点からの課題の抽出」の書き方

「多面的な観点からの課題の抽出」の書き方については，次のとおり，「タイトルの書き方」「観点の書き方」「課題の書き方」に分解して説明をしていきます。

① タイトルの書き方

タイトルの書き方は注意が必要です。いくつか書き方がありますが，設問1では並列して3個程度書く必要があるため，それぞれの内容で一番重要となる事柄をピックアップします。この設問で一番重要となる事柄は，"課題"ですので，課題の内容をタイトルに示すとわかりやすくなります。

一方，"課題"は，設問2に繋がる重要なキーワードになるため，多用してしまうと，どれが本当の課題かわかりにくくなります。本文中に，「○○が課題である。」と書いたのであれば，タイトルも「○○」のみとするなど，同じにしておくのが無難です。

注意が必要なのが，設問において解答の仕方が促されている場合です。例えば，次のような設問が出題されています。

---

(1)気候変動が，山地域，河川域，沿岸域の水害，土砂災害に及ぼす影響について，各域毎にそれぞれ説明せよ。

【R5 河川，砂防及び海岸・海洋 III-1】

この場合，「山地域」「河川域」「沿岸域」について，「各地域毎にそれぞれ説明」する必要があるため，タイトルは「山地域」「河川域」「沿岸域」を項ごとのタイトルとしたほうが伝わりやすくなります。このように，設問の中で何を問われているかを漏らさずに確認するようにしましょう。

② 観点の書き方

　次に，観点の書き方です。近年は「観点を明記せよ」といった指定がありますので，その場合は，必ず書かなければなりません。観点と課題は似た言葉ですが，違いは次のとおりです。

【**観点**】問題や状況を分析する際の視点や切り口のこと。（抽象的な表現）

【**課題**】問題を解決するためになすべきこと。（具体的な表現）

　観点と課題は次のような関係になります。

観点と課題の例

観点の例	課題の例
経済性の観点	初期投資のコスト削減が課題 維持管理の省力化が課題　など
安全性の観点	設備の老朽化や不適切な保守管理が課題 災害時の脆弱性が課題　など
人材の観点	若手社員への効果的な育成が課題 多種多様な人材確保が課題　など

　また，「多面的な観点から課題を抽出し」「観点を明記せよ」とあるため，偏らず幅広い観点を述べる必要があります。代表的な観点としては，"ヒト，モノ，カネ，情報"の切り口があります。個々でも意味が伝わりやすいように言い換えると，"人材の観点，設備管理の観点，経済性の観点，技術的な観点"などとなります。切り口を変えて多様な観点とすることで，高い評価につながります。

　その他にも次のような切り口があります。

【切り口の例】
- ヒト，モノ，カネ，情報
- 品質，コスト，納期
- ハード対策，ソフト対策
- 時間，場所，環境
- 設計，施工，維持管理
- 安全，コスト，環境負荷

③ 課題の書き方

　次は，最も重要となる"課題"についてです。課題を唐突に出してしまうと，なぜその課題を選択したのかと疑問に思われますので，論理的に文章の流れから導く必要があります。

　繰り返しになりますが，"課題"と"問題"は次のとおりとなります。

【課題】"問題"を解決するためになすべきこと
【問題】"あるべき姿"と"現状"とのギャップ

　この関係から見ても，"課題"を導くためには，"問題"に言及する必要があります。そして，"問題"を導くためには，"あるべき姿"と"現状"に言及する必要があります。

　これを意識した上で整理すると，次のような流れになります。

現状　⇒　問題　⇒　課題

　"現状"を示したあと，"問題"の中で"あるべき姿"との差を述べ，そこから"課題"を導くことにより，選んだ"課題"がより明確になります。なお，前述した"観点"は，"課題"の直前に入れてセットとすると良いです。具体的な解答例は次のとおりです。

一時的な洪水調節機能の増強

　我が国の日雨量200mmを超える降雨の発生日数は最近30年間で1.7倍増加し，従来の想定を超えた場所や規模で災害が発生している。しかしながら，すべての施設を機能強化するには膨大な時間やコストを要するため困難である。一方，災害の事前予測により得られる時間でピンポイントな機能強化を図れば被害を軽減できる。したがって，ハード対策の観点から一時的な洪水調節機能の増強が課題である。

【現状】

　我が国の日雨量200mmを超える降雨の発生日数は最近30年間で1.7倍増加し，従来の想定を超えた場所や規模で災害が発生している。

【問題】

　しかしながら，すべての施設を機能強化するには膨大な時間やコストを要するため困難である。

【課題】

　一方，災害の事前予測により得られる時間でピンポイントな機能強化を図れば被害を軽減できる。したがって，ハード対策の観点から一時的な洪水調節機能の増強が課題である。

(4)　課題三つの順番

　課題の数は設問に指定されている場合もありますが，そうでない場合も含めて三つ程度書くことになります。そして，設問2でそれらの中から「最も重要と考える課題」を絞ることになります。この時，設問1の中で，最も重要と考える課題は，一番上に書くようにしてください。理由は単純で，採点委員が上から順に読むと想定されるからです。

　1章に記載のとおり，採点委員は大量の論文を採点します。上から読んでいく中で，重要度の高いものを最初に読むことで，印象良く読み進めることができます。当然，三つどれもが大事な課題で，甲乙つけがたい場合や課題の順番

に流れがある場合は，そういった配慮は必要ありません。

　しかし，万一，主旨から外れた重要でない論点を最初に読むと，疑念を抱いたまま，他の課題をチェックされることになってしまいます。よって，最も重要な課題を一番上に書くのが無難です。

(5) 「2．最も重要と考える課題とその解決策」の書き方

　選択科目Ⅲでは，選択科目に関する専門的かつ具体的な解決策を記載する必要があります。そのため，説明に多くの文章量が費やされる可能性があります。前述のとおり，設問2で文章量が増えた分は，設問3の文章量を削るようにして対応するようにしてください。一方，設問3のスペースを確保するためも，2／3枚以上は残すようにしましょう。

　「最も重要と考える課題とその解決策」の書き方について，**「最も重要と考える課題の書き方」「タイトルの書き方」「解決策の書き方」**に分解して説明をしていきます。

①　最も重要と考える課題の書き方

　設問2の冒頭では，最も重要と考える課題を一つ選択する必要があります。理由を書くように指示はありませんが，なぜそれを選んだか明確にするためにも理由を記載するのが無難です。もし，課題三つのうち，二つの重要度が同程度であれば，理由を書くことにより選択が明白となるため採点委員の理解を得やすいです。

　最も重要と考える課題は，その後の解決策やリスク等ともつながるため，選択ミスをすると危険です。複数の課題のうち，問題を解決するにあたって，客観的に見て"最も効果が高い"ものを選ぶようにしてください。決して，書きやすいものから選んではいけません。

②　タイトルの書き方

　これも設問1と同様で，解決策を並列して3個程度書く必要があるため，そ

れぞれの内容で一番重要となる事柄をタイトルとしてピックアップすることが最適です。この設問で一番重要となる事柄は，解決策の内容ですので，主旨となる部分をタイトルに示すとわかりやすくなります。

③　解決策の書き方

　解決策は，複数記載する必要がありますが，項を多くすると内容が薄くなります。そのため，2，3個が無難です。記載する内容に応じて，2個で詳細に記載するか，3個で多面的に記載するかを決めれば良いです。解決策の書き方にはいろいろパターンがありますので，いくつか示します。

【現状→必要性→解決策→具体策・効果のパターン】
　・・（現状）・・である。そのため，・・（必要性）・・をする必要がある。そこで，・・（解決策）・・を実施する。具体的には，・・（具体策）・・を実施することで，・・・の効果が期待できる。

【解決策→効果→具体策のパターン】
　・・（解決策）・・を実施する。これにより，・・（効果）・・を向上することができる。具体的には，・・（具体策）・・を実施する。

　解決策は，具体的に述べることがとても大事です。よく，キーワードだけを並べて，あれもこれも詰め込んだ内容を目にすることがあります。それら一つひとつの技術をどう活用するかを記載しないと，考えが伝わりません。また，解決策が「新技術を導入して改善を図る」だけの漠然とした内容も目にします。説明可能な技術を正しく説明しないと，何の解決にもつながりません。
　一方，解決策は，専門的な知識・考えが必要となるため，自分の得意分野に持ち込みやすいとされています。そのため，強引に得意分野に持ち込み，課題から外れてしまうケースがありますが，これは絶対に避けなければなりません。解決策は，課題を解決するものを記載しないと，一貫性がなくなってしまいます。具体的な解答例は次のとおりです。

(6)　解決策から課題を抽出する

　課題と解決策の書き方について説明してきました。記載の流れとしては前述のとおりですが，抽出するプロセスは他にもあります。それは，解決策から課題を導く方法です。課題ができたとしても，その課題の解決策で良いものが複数思い浮かばなければ，その先のリスク等にも進むことはできません。解決策は三つ程度書く必要があるため，先に考えて，それらを包含する課題に遡ることもできます。

　設問どおりに，「課題→解決策→リスク等」と考えていくと，最後まで書ききれなくなってしまう人は，途中の着地点である解決策を先に決めることで，スムーズに書けるようになります。

(7)　「3．解決策を実行しても新たに生じうるリスクと
それへの対策」の書き方

　「解決策を実行しても新たに生じうるリスクとそれへの対策」の書き方について，「タイトルの書き方」「リスクの書き方」「リスク対策の書き方」に分解して説明をしていきます。

①　タイトルの書き方

　ここでは，"リスク"と"対策"の二つが問われているため，別々の項か段落で書くのが読みやすくなります。また，"リスク"と"対策"については，複数記載することにより，広い範囲を見て，さまざまな角度から情報を拾い集めることができる能力を見せることができます。リスクを一つとして，複数の対策を挙げてもいいです。多面的に広い視点で見ていることをアピールするようにしてください。

　3．新たに生じうるリスクとそれへの対策
　⑴　リスク①：○○
　⑵　リスク①への対策
　⑶　リスク②：△△
　⑷　リスク②への対策

---

②　リスクの書き方

　リスクとは，未来において，望ましくない結果が発生する可能性を指します。例えば，技術的トラブルや人為的ミス，自然災害など，さまざまな要因がリスクを生み出します。また，リスクは，"発生確率×被害規模"と定量的に示すことができます。その大小によって，リスクの大きさを評価することになります。リスクの例を次に示します。

ここで，リスクのパラメータに発生確率が入っていることが重要です。発生が明白なものは，発生確率が100％の被害確実なものになるため，リスクとはいえません。例えば，リスクとならないものとしては次があります。

一方，解決策を実行してもなお残るリスクのことを，残留リスク（または残存リスク）といいます。今回の場合は，"新たに生じうるリスク"が求められますので，この残留リスクは該当しません。

また，この設問では「すべての解決策を」や「解決策に共通して」というように，解決策全体に対するリスクの問われ方をします。一つであれば思いつきやすいですが，複数となると途端にハードルが上がるように感じてしまいます。その場合は，"最も重要な課題を解決した後に起きえるリスク"として，上位概念で考えるようにしてください。

③ リスク対策の書き方

　リスク対策と聞くと，新たなリスクを完全に解消するようなものを考えがちです。しかし，新たなリスクを解消できる対策を考えることは実際には難しく，あったとしても別の大きなリスクを発生させてしまう可能性もあります。そのため，対策を考えるときは，リスクの解消ではなく，リスクを小さくすることを考える必要があります。次に，リスク対策を示します。

対策	概要
保有	リスクは顕在化するが被害規模小で業務に影響がない場合や，被害規模大で発生確率が極めて小さい場合などは，リスクをそのまま持ったまま業務を進める。
低減	発生確率，被害規模がともに高い場合，リスクが顕在化した場合に業務への影響を小さくすること。
回避	リスクが顕在化する確率と被害規模が大き過ぎる場合，リスクそのものをなくす。
移転	リスク対策として投資するには，余りに金額が大きいなど，保険加入などの代替策でリスクを移転すること。リスク自体がなくなるわけではない。

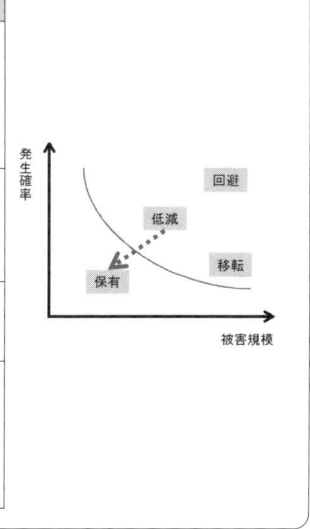

出典:修習技術者のための修習ガイドブック −技術士を目指して−　［日本技術士会］

　このように，リスクを“低減”し，“保有”の状態に持っていくような対策を考えることを意識するようにしてください。
　リスク及びリスク対策の具体的な解答例は次のとおりです。

【リスク及びリスク対策の解答例】
リスク：社会の公平性が確保されない
　いずれの解決策も土地利用を再編するものである。土地利用を再編する際,

地域住民の一部に利益・不利益が集中してしまうことで，社会の公平性が確保
されないリスクが発生する。

リスク対策：地域状況の評価

　居住地の分布・商業施設や行政窓口の分布・地域住民の交通利用状況といっ
た地域状況の現状を把握する。その上で，土地利用の再編前後における利益の
変化を最小限にすることを図る。このことで地域住民の一部に利益・不利益が
集中することを未然に防ぐ。

(8) 「3．解決策を実行して生じる波及効果，懸念事項 への対応策」の書き方

「解決策を実行して生じる波及効果，懸念事項への対応策」の書き方について，
次のとおり「**波及効果の書き方**」「**懸念事項と対応策の書き方**」に分解して説
明をしていきます。

① 波及効果の書き方

　波及効果とは，ある事象や施策が発生した際に，その影響が"直接的な範囲
を超えて"他の分野や地域，時間的な広がりを持って影響を及ぼす現象を指し
ます。波及効果は，次のようにさまざまな形で現れることがあります。

【経済面での波及効果の例】
幹線道路の複線化工事
　　⇒　物流の円滑化
　　　　⇒　沿線地域の経済活性化
　　　　　　⇒　新たな雇用の創出

【社会面での波及効果の例】
人力作業をデジタル技術に置き換え
　　⇒　労力の低減で 3K 回避
　　　　⇒　労働者の安全安心
　　　　　　⇒　働き方の多様化，ダイバーシティ推進

　よくあるケースは，波及効果ではなく，直接効果のみを示すことです。例え
ば，次のようなものは直接効果に留まっています。

　解決策を実施するのだから，直接的な効果は出て当然です。技術士として必
要となる思考はさらにその先であり，評価項目であるコンピテンシーの中にも
明確に記載されています。

出典：令和6年度 技術士第二次試験受験申込み案内　［日本技術士会］

　2章に記載のとおり，波及効果にはプラスの側面とマイナスの側面がありま
す。設問3ではリスク等とセットで波及効果が問われるため，もしマイナス面
を書いてしまうと，リスクと内容が重複してしまいやすくなります。そのため，
波及効果はプラス面の内容を書くのが無難と考えます。
　波及効果の具体的な解答例は次のとおりです。

②　懸念事項と対応策の書き方

　厳密には言葉の違いはありますが，"懸念事項と対応策"は，前述の"リスクと対策"と同様のものと考えていただいて構いません。書く内容としては大きな違いはありません。

　ただし，設問で"懸念事項"を問われているのであれば，解答でも「懸念事項は，・・・」と記載し，"懸案事項"や"リスク"などと書かないように気を付けてください。"対応策"と"対策"も同様です。

5-3 評価される解答

　選択科目Ⅲの論文の例として，評価される解答を2例示します。これらは，実際の技術士試験でA評価だった再現答案をベースにして構築しています。

【出題①】 災害

　気候変動の影響により頻発化・激甚化する水害（洪水，内水，高潮），土砂災害による被害を軽減するため，様々な取組を総合的かつ横断的に進めている。中でもハード対策の取組の一つとして，既存ストックを有効活用した対策を計画的に実施する必要がある。このような状況を踏まえ，以下の問いに答えよ。

(1)　気候変動が，山地域，河川域，沿岸域の水害，土砂災害に及ぼす影響について，各域毎にそれぞれ説明せよ。

(2)　前問(1)で挙げた影響を一つ挙げ，その影響による被害の軽減を図ることができる既存ストックを有効活用した対策を複数示し，それぞれの内容を説明せよ。ただし，対策は，施設の新たな整備や維持管理を除き，既存ストックが有する防災機能の増大・強化を図る対策とする。

(3)　前問(2)で示した対策に関連して新たに浮かび上がってくる課題やリスクとそれへの対策について，専門技術を踏まえた考えを示せ。

【R5 河川，砂防及び海岸・海洋 Ⅲ-1】

【論文の要点】

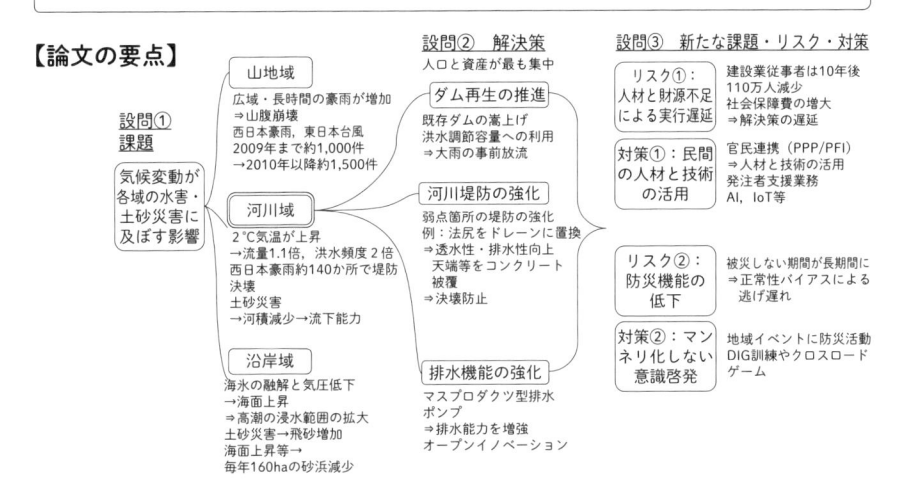

1. 気候変動が各域の水害・土砂災害に及ぼす影響

（1）山地域：　水害では，気候変動により土砂・洪水氾濫が増加している。近年，広域的かつ長時間の豪雨が増加し，多くの箇所で山腹崩壊が発生している。実際，平成30年西日本豪雨や令和元年東日本台風では，土砂洪水氾濫が多数発生した。土砂災害は近年増加しており，2009年までは年間発生件数が約1,000件であったが，2010年以降は約1,500件に増加している。

（2）河川域：　水害では，外力が増加する影響を及ぼす。産業革命期より2℃気温が上昇すると，流量は1.1倍，洪水発生頻度は2倍になると予測されている。現時点でも平成30年西日本豪雨では，約140か所で堤防決壊が発生するなど，外力の増大により甚大な被害が発生している。土砂災害では，上流からの土砂供給量増加により河積が減少して流下能力が減少する影響を及ぼす。

（3）沿岸域：　水害では，気候変動による気温上昇で高緯度域の海氷の融解と気圧低下で，海面上昇を引き起こす。よって，高潮の浸水範囲が拡大するなどの影響を及ぼす。土砂災害では，強風等の外力の増大により，飛砂による悪影響が増加する。また，近年は海面上昇等により毎年約160haの砂浜が減少している。

2. 被害軽減を図る既存ストック有効活用の対策

　　すべての地域で被害軽減を図るには多大な時間と財源を要する。この点を考慮し，人口と資産が最も集中

する河川域において，水害への影響による被害軽減を図る既存ストック有効活用の対策を以下に記述する。

（1）ダム再生の推進

　既存ダムのかさ上げと利水容量の洪水調節容量への利用を行う。かさ上げについては，ダム湖の面積は広大であるため，わずかなかさ上げでも多くの貯水容量増加が見込める。利水容量の洪水調節容量への利用については，大雨の事前に利水容量分を放流し，洪水前の一時的に洪水調節容量を増強する。このことで洪水調節能力を強化する。

（2）河川堤防の強化

　過去に決壊した箇所やかさ上げ等で繰り返し形状変更された弱点箇所において，堤防の強化をする。例えば，堤内地側の法尻をドレーンに置換して透水性・排水性を高め，堤防が水で飽和されて崩壊しやすくなることを防ぐ。また，天端や裏のり側を護岸等でコンクリート被覆し，河川水が堤防を越流しても浸食を抑制し，決壊などの最悪の事態を防止する。

（3）排水機能の強化

　排水機場において，従来型の排水ポンプからマスプロダクツ型の排水ポンプに改良する。このことで排水能力を増強させ，流量や洪水発生頻度が増加した状況においても，内水氾濫被害を防止・軽減する。また，革新的河川技術プロジェクト等によるオープンイノベーションにより，現場ニーズに即した技術開発を行い，

既存ストックを有効活用した対策を開発・実装する。

3．新たに浮かび上がってくる課題やリスクと対応策

（1）リスク①：人材と財源不足による実行遅延

　何れの解決策もハード対策であり，解決策の実行には調査・計画・施工等で人材と財産を要する。一方，我が国の建設業従事者は10年度には110万人減少する見込みである。また，高齢化社会に伴い社会保障費が今後高い割合で必要となる。よって，人材と財源不足により解決策が進まなくなるリスクが新たに生じる。

（2）①への対策：民間の人材と技術の活用

　官民連携（PPP/PFI）により，民間企業の人材と技術を活用する。人材では，発注者支援業務等に人員を活用して人手不足を解消する。技術では，AI，IoT等を活用して，人力作業をデジタルに置き換えることにより，生産性を向上させてコスト縮減を行う。

（3）リスク②：防災機能の低下

　解決策の実行により，防災機能が増大・強化される。一方で，被災しない期間が長期間になると，正常性バイアスが生じて逃げ遅れによる被害が発生するリスクが新たに生じる。

（4）②への対策：マンネリ化しない意識啓発

　地域で定期的に行われているイベントに防災活動を取り入れる。また，平時の防災活動にはDIG訓練やクロスロードゲームなど様々なものがあるため，多様な手法を取り入れてマンネリ化を防ぐ。　　　　　　　以上

【出題②】 環境保全

> 　これまでの急激な都市化等により，水辺や緑地，藻場，干潟等の自然環境が失われつつあるなど，生態系の破壊，分断，劣化等が進行している。そのため人類の存立基盤である環境が，将来にわたって維持されるよう，生物多様性が保たれた良好な自然環境の保全，再生等の取組を加速する必要がある。このような状況を踏まえ，以下の問いに答えよ。
>
> (1) 社会資本整備事業において，生物多様性の保全，再生等の取組を行うに当たって，技術者としての立場で多面的な観点から課題を抽出し分析せよ。
>
> (2) 抽出した課題のうち最も重要と考える課題を一つ挙げ，その課題に対する複数の解決策を示せ。
>
> (3) 解決策に共通して新たに生じうるリスクとそれへの対策について述べよ。
>
> 　　　　　　　　　　　　　　　　　　　　　　【R1　建設環境 Ⅲ-1】

【論文の要点】

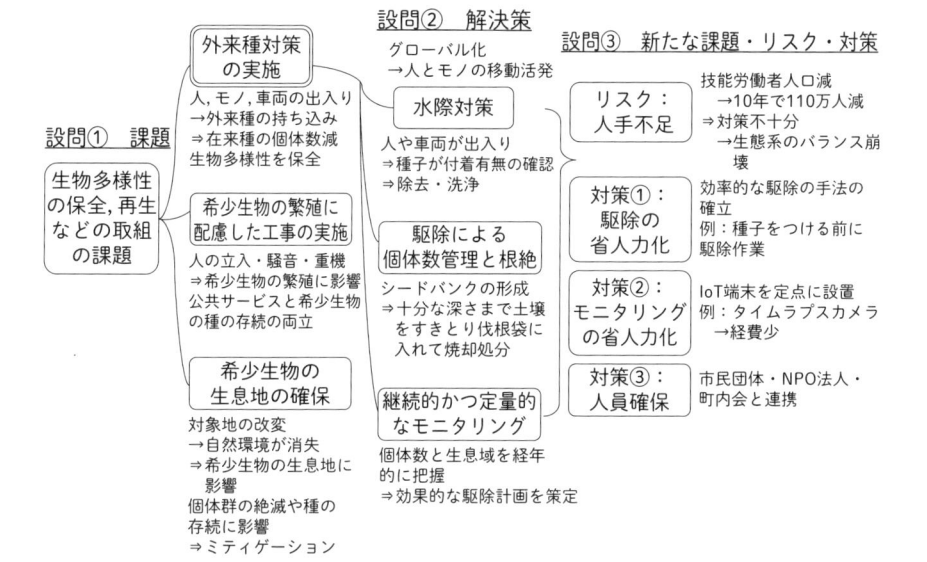

1．生物多様性の保全，再生などの取組の課題
（1）外来種対策の実施

　社会整備事業による人，モノ，および車両の出入りにより本来生息していなかった地域に外来種が持ち込まれることで，在来種が競合・捕食により個体数を減らし生態系バランスが崩れる。外来種対策を実施し生物多様性を保全することで，生態系バランスを維持し，生態系サービスを享受し続けることが出来る社会にする必要がある。よって，外来種対策の実施が課題である。

（2）希少生物の繁殖に配慮した工事の実施

　社会整備事業の工事において，人の立入・騒音・重機による撹拌，車両の通過等により，希少生物の繁殖に影響が発生し，繁殖放棄や繁殖失敗が発生する。工事実施がやむを得ない場合，繁殖を継続させながら工事を行う配慮を行い，公共サービスを提供しつつ希少生物の種の存続に寄与する必要がある。よって，希少生物の繁殖に配慮した工事の実施が課題である。

（3）希少生物の生息地の確保

　社会整備事業で対象地の改変により自然環境が失われ，希少生物の生息地に影響が発生する。生息地が無ければ対象地における希少生物の存立基盤が失われ，個体群の絶滅や種の存続に影響を及ぼす。生息地を確保するため，事業に対してミティゲーション（回避・低減・代償）を行う必要がある。よって，希少生物の

生息地の確保が課題である。

2. 最も重要と考える課題とそれに対する解決策

　近年，インターネット通販の普及やグローバル化により人とモノの地域間の移動が活発化している。そのため，「外来種対策の実施」が最も重要な課題とする。ここでは特外来種生物である「オオハンゴンソウ」に対する解決策について記述する。

（1）水際対策

　事業対象地から人や車両が出入りする際は，種子が付着していないか確認作業を実施する。付着していた場合は，粘着テープでの除去や洗浄を行い，他地域への拡大を防止する。

（2）駆除による個体数管理と根絶

　オオハンゴンソウはシードバンク形成することや，地上部を刈り取っても根茎から再生することが知られている。これらの駆除を行う際は，十分な深さまで土壌をすきとったうえで伐根し，種子が散漫することを防ぐため袋に入れて焼却処分する。

（3）継続的かつ定量的なモニタリング

　個体数の増加や生息域拡大の発生が確認された場合は，（2）で示した駆除を実施する。個体数と生息域を経年的に把握することで駆除が必要か評価するために，継続的かつ定量的なモニタリングを実施する。これにより，対象種の個体数や生息域の動向を把握し，効果的な駆除計画を策定することが可能となる。

3．解決策に共通して新たに生じうるリスクと対策

（1）リスク：人手不足

　我が国の建設業に技能労働者人口は，高齢者の離職により今後10年で110万人減少すると予想されている。一方，外来種対策は，個体数と生息域の規模に応じて人員が必要とされている。労働人口が減少すれば，十分な外来種対策が実施されず，生態系のバランスが崩れてしまうリスクがある。

（2）対策①：駆除の省人力化

　対象種の生態を把握したうえで効率的な駆除の手法を確立し，駆除作業を実施する。例えばオオハンゴンソウの場合，夏季に種子をつけて散漫する。そのため，種子をつける前の春先に駆除作業を行うことで，同じ人員でも春先に実施する方が高い効果を得ることが出来る。

（3）対策②：モニタリングの省人力化

　IoT端末を定点に設置してモニタリングを実施する。例えば，タイムラプスカメラを定点に設置すれば，撮影データが自動的に事務所等の必要箇所に送られるため，データ回収の経費がかからずにとりまとめを実施できる。

（4）対策③：人員確保

　地域で活動し地域事情に精通した市民団体・NPO法人および町内会と連携することで，人員確保と効率化を図る。

6章
必須科目Ⅰ
（3枚論文）の戦術

6-1 必須科目Ⅰ（3枚論文）の分析

　必須科目Ⅰは，選択科目Ⅲと同じで3枚（600字×3枚）で出題されています。試験内容は次のようになっています。

Ⅰ　必須科目	
「技術部門」全般にわたる専門知識，応用能力，問題解決能力及び課題遂行能力に関するもの　記述式　600字×3枚［40点］【2問出題1問選択解答】	
概念	**専門知識** 専門の技術分野の業務に必要で幅広く適用される原理等に関わる汎用的専門知識
	応用能力 これまでに習得した知識や経験に基づき，与えられた条件に合わせて，問題や課題を正しく認識し，必要な分析を行い，業務遂行手順や業務上留意すべき点，工夫を要する点等について説明できる能力
	問題解決能力及び課題遂行能力 社会的なニーズや技術の進歩に伴い，社会や技術における様々な状況から，複合的な問題や課題を把握し，社会的利益や技術的優位性などの多様な視点からの調査・分析を経て，問題解決のための課題とその遂行について論理的かつ合理的に説明できる能力
出題内容	現代社会が抱えている様々な問題について，「技術部門」全般に関わる基礎的なエンジニアリング問題としての観点から，多面的に課題を抽出して，その解決方法を提示し遂行していくための提案を問う。
評価項目	技術士に求められる資質能力（コンピテンシー）のうち，専門的学識，問題解決，評価，技術者倫理，コミュニケーションの各項目

出典：令和6年度 技術士第二次試験受験申込み案内　［日本技術士会］

(1) 必須科目Ⅰの出題傾向

出題傾向を掴むには，過去問5年分程度を確認することが必要です。傾向をより詳細に確認するため，平成20年度から令和6年度（平成25年度から平成30年度は択一試験のため省略）の必須科目Ⅰの出題傾向として，出題されたキーワードは次のとおりとなっています。

必須科目Ⅰの出題傾向

年度	No.	キーワード
R 6	1	国土全体におけるシームレスな連結を強化して全国的なネットワークを形成するとともに，地域・拠点間の連結及び地域内ネットワークの強化を目指す社会資本整備
	2	大規模な地震災害や風水害の災害対応における DX
R 5	1	将来発生しうる巨大地震を想定した建築物・社会資本の整備事業及び都市の防災対策
	2	これからの社会資本を支える施設のメンテナンスをこれまで10年の取り組みを踏まえて「第2フェーズ」として位置づけた取り組み・推進
R 4	1	社会資本の効率的な整備，維持管理及び利活用に向けた DXの推進
	2	建設分野における CO_2 排出量削減及び CO_2 吸収量増加のための取り組み
R 3	1	建設分野において廃棄物に関する問題に対する循環型社会の構築
	2	風水害被害における新たな取り組みを加えた幅広い対策による防止または軽減
R 2	1	それぞれの地域における地域の中小建設業が今後もその使命を果たすべく担い手を確保するための取り組み
	2	社会・経済情勢が変化する中における，老朽化する社会インフラの戦略的なメンテナンスの推進
R 1	1	働き手の減少が続く中での生産性向上
	2	ハード整備の想定を超える大規模な自然災害に対して安全・安心な国土・地域・経済社会の構築に向けた「国土強靱化」（ナショナル・レジリエンス）の推進

H24	1	我が国の防災・減災に向けた社会基盤の整備
	2	我が国の最近の社会情勢の変化も踏まえ，地球環境問題に対しての取り組み
H23	1	我が国の社会資本と経済社会の現状を踏まえた今後の社会資本整備
	2	建設投資の急激な減少，就業者の減少及び高齢化の進行などを受けた，建設産業の活力の回復
H22	1	社会的状況の変化に対応した防災・減災対策
	2	国際貢献・技術協力の観点からの，開発途上国などにおける社会資本整備に対する積極的な取り組み
H21	1	低炭素社会の実現に向け貢献できると考えられる社会資本整備の取り組み
	2	解析・設計や数値シミュレーション等の成果の合理性を総合的に判断できる技術力の維持
H20	1	社会資本の維持管理に関する現状及びアセットマネジメントの必要性及びその実用化に向けた方策
	2	技術力の維持及び向上に与える影響

　必須科目Ⅰでは，特に次の内容が出題されているため，日頃からこれらに対する感度を高めて情報を得ていくことが大事です。

- ☑ 維持管理，インフラ老朽化
- ☑ 災害（地震，津波，豪雨，洪水等），国土強靭化
- ☑ 生産性向上，DX，ICT技術
- ☑ 気候変動，循環型社会，環境保全，SDGs
- ☑ 担い手確保，人材育成
- ☑ 海外展開

(2)　必須科目Ⅰの対策

　必須科目Ⅰは，それぞれ設問4つの形式で出題されています。設問の問いかけ自体は，次のとおり，毎年同様の内容となっています。

設問1．多面的な観点からの課題の抽出
設問2．最も重要と考える課題とその解決策
設問3．解決策を実行しても新たに生じうるリスクとそれへの対策
　　　　or 解決策を実行して生じる波及効果，懸念事項への対応策
設問4．技術者倫理，社会持続性の観点から必要となる要件・留意点

　これらを見てわかるとおり，出題の内容が選択科目Ⅲとかなり似通っています。必須科目Ⅰでは評価項目のコンピテンシーとして"技術者倫理"が入っており，それが設問4に反映されています。一方，設問1〜設問3は共通しているため，選択科目Ⅲと並行して学習し，共通する"型"を準備しておくことで，それぞれの出題に対応することができます。型を身に付けておくことで，最初は3枚と多く感じる分量でも，次第に対処できるようになってきます。

　なお，必須科目Ⅰが設問として1番目であるため，必須科目Ⅰを学習初期に始める方がいます。必須科目Ⅰは知識だけでは対応できず，いきなり始めるにはハードルが高いですので，1枚論文である選択科目Ⅱ-1などから始めることをおススメします。

(3)　必須科目Ⅰでは建設部門全体の専門家として

　「必須科目Ⅰ」と「選択科目Ⅲ」の違いについては，1章の説明のとおり，専門知識・考えの広さと深さです。

　必須科目では，建設部門全体の専門家としての知識・考えが問われます。しかし実際には，必須科目Ⅰと選択科目Ⅲで同じような内容になってしまっている解答を見かけます。そのような場合は，必須科目Ⅰとして「国の重要施策とリンクしているか」，選択科目Ⅲとして「専門知識等が深く掘り下げられているか」と，それぞれ内容を精査する必要があります。

　そのためにも，2章で説明している「国の政策文書」に触れておくことで，幅広く重要な施策の知識を得ることができます。

(4)　問題文のヒントを逃さない

　必須科目Ⅰは，設問の前に前提とする文章があり，年々，長文化する傾向があります。この前提とする文章は前置きのため，読み流す受験者が多いのですが，ここにヒントや解答の制約が記載されている可能性が高いため，しっかりと読み解き，分析する必要があります。

　例えば，次の問題文で考えてみます。

　我が国の社会資本は多くが高度経済成長期以降に整備され，今後建設から50年以上経過する施設の割合は加速度的に増加する。このような状況を踏まえ，2013（平成25）年に「社会資本の維持管理・更新に関する当面講ずべき措置」が国土交通省から示され，同年が「社会資本メンテナンス元年」と位置づけられた。これ以降これまでの10年間に安心・安全のための社会資本の適正な管理に関する様々な取組が行われ，施設の現況把握や予防保全の重要性が明らかになるなどの成果が得られている。しかし，現状は直ちに措置が必要な施設や事後保全段階の施設が多数存在するものの，人員や予算の不足をはじめとした様々な背景から修繕に着手できていないものがあるなど，予防保全の観点も踏まえた社会資本の管理は未だ道半ばの状態にある。

(1)　これからの社会資本を支える施設のメンテナンスを，上記のようなこれまで10年の取組を踏まえて「第2フェーズ」として位置づけ取組・推進するに当たり，技術者としての立場で多面的な観点から3つ課題を抽出し，それぞれの観点を明記したうえで，課題の内容を示せ。

(2)　前問(1)で抽出した課題のうち，最も重要と考える課題を1つ挙げ，その課題に対する複数の解決策を示せ。

【R5 建設部門 必須Ⅰ-2】

　設問(1)は，「施設のメンテナンスを，上記のようなこれまで10年の取組を踏まえて『第2フェーズ』として位置づけ取組・推進するに当たり」となっています。設問では，「課題を抽出」する必要があるため，前置き部分を分解することで，課題のヒントとなるものを探します。

- 我が国の社会資本は多くが高度経済成長期以降に整備され，今後建設から50年以上経過する施設の割合は加速度的に増加する。

- このような状況を踏まえ，2013（平成25）年に「社会資本の維持管理・更新に関する当面講ずべき措置」が国土交通省から示され，同年が「社会資本メンテナンス元年」と位置づけられた。

- これ以降これまでの10年間に安心・安全のための社会資本の適正な管理に関する様々な取組が行われ，施設の現況把握や予防保全の重要性が明らかになるなどの成果①が得られている。

- しかし，現状は直ちに措置が必要な施設や事後保全段階の施設が多数存在するものの，人員や予算の不足をはじめとした様々な背景から修繕に着手できていない②ものがあるなど，予防保全の観点も踏まえた社会資本の管理は未だ道半ば③の状態にある。

　上記の①については，設問の「上記のようなこれまで10年の取組を踏まえて，『第2フェーズ』として位置づけ取組・推進するに当たり」の取り組み部分に該当する箇所となっています。

　そして，その後の②と③のところで，問題部分に触れています。それぞれを要約すると，②は「直すべき施設が多数あるが，人員・予算不足等で修繕に着手できていない」，③は「予防保全等を用いた維持管理は道半ば」となっています。これらを，設問(1)の課題抽出の際に用いることで課題を導くことができます。

②「直すべき施設が多数あるが，人員・予算不足等で修繕に着手できていない」
　　→　"直すべき施設の情報を入れる"
　　　　"修繕に着手できていない理由を書く"
⇒　2023年3月には建設後50年を経過する道路橋の割合が37％に達する。大量の老朽化した道路橋を維持管理していく中で，点検や検査の負担が大きく，その多くが高所作業を伴っている。

③「予防保全等を用いた維持管理は道半ば」
　　→ "道半ばとなっている理由を書く"
⇒　高所作業は足場架設などに多くの人員や予算を必要とするため，点検・検査の負担増大が予防保全への円滑な移行を阻害している。

【課題の例】
点検・検査手法の見直し
　2023年3月には建設後50年を経過する道路橋の割合が37％に達する。大量の老朽化した道路橋を維持管理していく中で，点検や検査の負担が大きく，その多くが高所作業を伴っている。高所作業は足場架設などに多くの人員や予算を必要とするため，点検・検査の負担増大が予防保全への円滑な移行を阻害している。よって，技術的な観点から点検・検査手法の見直しが課題である。

　以上のように具体化することで，課題を導くことができます。
　今回の場合，設問(1)で「3つ課題を抽出」し，設問(2)で最も重要な課題について述べることとなっています。つまり，作問者の意向に応えるためにも，設問(2)の「最も重要と考える課題」には，問題文の内容を反映した課題の一つを選ぶようにするのが無難です。
　今回は前提とする文章の中に問題部分が隠されていましたが，観点のヒントが隠されている場合もありますので，前提の文章は読み流すのではなく，しっかり読み解くクセをつけるようにしましょう。

6-2 必須科目Ⅰの型と戦術

必須科目Ⅰの型については，前章の「5-2 選択科目Ⅲの型と戦術」で説明した内容と重複する部分がありますので，ここでは異なる部分について重点的に説明します。

(1) 代表的な型

必須科目Ⅰでは，3枚で設問四つに解答する必要があります。解答内容を加味した原稿用紙の配分は次が目安です。

設問1．多面的な観点からの課題の抽出
　　　⇒　1ページ
設問2．最も重要と考える課題とその解決策
　　　⇒　1ページ
設問3．解決策を実行しても新たに生じうるリスクとそれへの対策
　　　or 解決策を実行して生じる波及効果，懸念事項への対応策
　　　⇒　1／2ページ
設問4．技術者倫理，社会持続性の観点から必要となる要件・留意点
　　　⇒　1／2ページ

また，それぞれの設問の中でも項を立てることとなるため，それらの項についてもバランスよく配置する必要があります。代表的な出題の仕方と，それに対する解答の型を次に示します。

必須科目 I の解答の型（1／4）

サンプル	解答の型 （項番号・タイトル・文章量の例）
【サンプル その1】 ……となっている。……について，以下の問いに答えよ。 1．技術者としての立場で多面的な観点から3つ課題を抽出し，それぞれの観点を明記したうえで，課題の内容を示せ。 2．最も重要と考える課題を一つ挙げ，その課題に対する複数の解決策を示せ。 3．すべての解決策を実行しても新たに生じうるリスクとそれへの対策について，専門技術を踏まえた考えを示せ。 4．業務として遂行するに当たり，技術者としての倫理，社会の持続性の観点から必要となる要件・留意点を述べよ。	1．○○に向けた技術的課題 (1) 課題①のタイトル (2) 課題②のタイトル (3) 課題③のタイトル 　（各項，本文7行ずつ） 2．最も重要な課題と解決策 　最も重要な課題は，□□である。理由は，△△のためである。（2～3行） (1) 解決策①のタイトル (2) 解決策②のタイトル (3) 解決策③のタイトル 　（各項，本文6行ずつ） 3．新たに生じうるリスク及び対策 (1) リスクと対策①のタイトル (2) リスクと対策②のタイトル 　（各項，本文4～5行ずつ） 4．必要となる要件・留意点 (1) 技術者としての倫理の観点 (2) 社会の持続性の観点 　（各項，本文4～5行ずつ）

サンプル	解答の型 （項番号・タイトル・文章量の例）
【サンプル その2】 ……となっている。……について，以下の問いに答えよ。 1．技術者としての立場で多面的な観点から3つ課題を抽出し，それぞれの観点を明記したうえで，課題の内容を示せ。 2．最も重要と考える課題を一つ挙げ，その課題に対する複数の解決策を示せ。 3．すべての解決策を実行して生じる波及効果と専門技術を踏まえた懸念事項への対応策を示せ。 4．業務として遂行するに当たり，技術者としての倫理，社会の持続性の観点から必要となる要件・留意点を述べよ。	1．○○に向けた技術的課題 ⑴　課題①のタイトル ⑵　課題②のタイトル ⑶　課題③のタイトル 　　（各項，本文7行ずつ） 2．最も重要な課題と解決策 　最も重要な課題は，□□である。理由は，△△のためである。（2～3行） ⑴　解決策①のタイトル ⑵　解決策②のタイトル ⑶　解決策③のタイトル 　　（各項，本文6行ずつ） 3．波及効果及び懸念事項と対応策 ⑴　すべての解決策を実行して生じる波及効果 ⑵　懸念事項と対応策 　　（各項，本文4～5行ずつ） 4．必要となる要件・留意点 ⑴　技術者としての倫理の観点 ⑵　社会の持続性の観点 　　（各項，本文4～5行ずつ）

実際の出題例	解答の型 （項番号・タイトル・文章量の例）
【実際の出題例 その１】 　我が国では，年始に発生した令和6年能登半島地震を始め，近年，全国各地で大規模な地震災害や風水害等が数多く発生しており，今後も，南海トラフ地震及び首都直下地震等の巨大地震災害や気候変動に伴い激甚化する風水害等の大規模災害の発生が懸念されているが，発災後の復旧・復興対応に対して投入できる人員や予算に限りがある。そのような中，災害対応におけるDX（デジタル・トランスフォーメーション）への期待は高まっており，既に様々な取組が実施されている。今後，DXを活用することで，インフラや建築物等について，事前の防災・減災対策を効率的かつ効果的に進めていくことに加え，災害発生後に国民の日常生活等が一日も早く取り戻せるようにするため，復旧・復興を効率的かつ効果的に進めていくことが必要不可欠である。このような状況下において，将来発生しうる大規模災害の発生後の迅速かつ効率的な復旧・復興を念頭において，以下の問いに答えよ。 1．大規模災害の発生後にインフラや建築物等の復旧・復興までの取組を迅速かつ効率的に進めていけるようにするため，DXを活用していくに当たり，投入できる人員や予算に限りがあることを前提に，技術者としての立場で多面的な観点から3つ課題を抽出し，それぞれの観点を明記したうえで，課題の内容を示せ。（※）解答の際には必ず観点を述べてから課題を示せ。 2．前問1で抽出した課題のうち，最も重要と考える課題を一つ挙げ，その課題に対する複数の解決策を示せ。 3．前問2で示したすべての解決策を実行しても新たに生じうるリスクとそれへの対策について，専門技術を踏まえた考えを示せ。 4．前問1〜3を業務として遂行するに当たり，技術者としての倫理，社会の持続性の観点から必要となる要件・留意点を述べよ。 　　　　　**【R6 建設部門 必須Ⅰ-2】**	1．ネットワーク形成と強化に向けた技術的課題 (1) データの統合と共有 (2) デジタル人材の確保と育成 (3) 予算配分の適正化 　　（各項，本文7行ずつ） 2．最も重要な課題と解決策 　最も重要な課題は，データの統合と共有である。理由は，△△のためである。（2〜3行） (1) 統合プラットフォームの構築 (2) オープンデータの活用 (3) データ形式の標準化 　　（各項，本文6行ずつ） 3．新たに生じうるリスク及び対策 (1) 情報セキュリティ (2) 緊急情報の錯綜 　　（各項，本文4〜5行ずつ） 4．必要となる要件・留意点 (1) 技術者としての倫理の観点 (2) 社会の持続性の観点 　　（各項，本文4〜5行ずつ）

実際の出題例	解答の型 （項番号・タイトル・文章量の例）
【実際の出題例 その2】 国が定める国土形成計画の基本理念として，人口減少や産業その他の社会経済構造の変化に的確に対応し，自立的に発展する地域社会，国際競争力の強化等による活力ある経済社会を実現する国土の形成が掲げられ，成熟社会型の計画として転換が図られている。令和5年に定められた第三次国土形成計画では，拠点連結型国土の構築を図ることにより，重層的な圏域の形成を通じて，持続可能な形で機能や役割が発揮される国土構造の実現を目指すことが示された。この実現のために，国土全体におけるシームレスな連結を強化して全国的なネットワークの形成を図ることに加え，新たな発想からの地域マネジメントの構築を通じて持続可能な生活圏の再構築を図る，という方向性が示されていることを踏まえ，持続可能で暮らしやすい地域社会を実現するための方策について，以下の問いに答えよ。 1．全国的なネットワークを形成するとともに地域・拠点間の連結及び地域内ネットワークの強化を目指す社会資本整備を進めるに当たり，投入できる人員や予算に限りがあることを前提に，技術者としての立場で多面的な観点から3つ課題を抽出し，それぞれの観点を明記したうえで，課題の内容を示せ。（※）解答の際には必ず観点を述べてから課題を示せ 2．前問1で抽出した課題のうち，最も重要と考える課題を一つ挙げ，その課題に対する複数の解決策を示せ。 3．全問2で示したすべての解決策を実行して生じる波及効果と専門技術を踏まえた懸念事項への対応策を示せ。 4．前問1〜3を業務として遂行するに当たり，技術者としての倫理，社会の持続性の観点から必要となる要件・留意点を述べよ。 【R6 建設部門 必須Ⅰ-1】	1．ネットワーク形成と強化に向けた技術的課題 (1) 既存インフラの維持管理 (2) 地域間の技術格差の解消 (3) 地域間の優先的な資源配分 （各項，本文7行ずつ） 2．最も重要な課題と解決策 　最も重要な課題は，既存インフラの維持管理である。理由は，△△のためである。（2〜3行） (1) インフラ構造物の選択と集中 (2) ICTの導入による効率化 (3) PPPの活用 （各項，本文6行ずつ） 3．波及効果及び懸念事項と対応策 (1) 波及効果 (2) 懸念事項と対応策 （各項，本文3〜4行ずつ） 4．必要となる要件・留意点 (1) 技術者としての倫理の観点 (2) 社会の持続性の観点 （各項，本文3〜4行ずつ）

(2) 「1．多面的な観点からの課題の抽出」の書き方

　設問1の書き方は，選択科目Ⅲと同様となるため，5章 5-2 (3)を参照してください。ただし，必須科目Ⅰでは，建設部門全体を見据えた解答を心がけるようにしてください。課題の抽出で誘導を誤ると，設問2以降も必然的にズレた解答となりますので注意が必要です。

【課題の記載例】
建設現場におけるデジタル化の推進
　建設業は，単品受注生産，屋外労働集約型の特性が他産業と比べても高い。そのため，製造業のようなライン製造方式の導入が難しく，建設業の労働生産性は製造業の5割程度と大きく下回っている。また，近年のデジタル技術を活用した生産性向上が著しい一方，建設現場においては道半ばである。よって，技術的な観点から建設現場におけるデジタル化の推進が課題である。

---

(3) 「2．最も重要と考える課題とその解決策」の書き方

　設問2の書き方も，選択科目Ⅲと同様となります。ただし，選択科目Ⅲでは，原稿用紙1ページ強としていましたが，必須科目Ⅰでは設問2に費すスペースが多くなりすぎると，設問2の後に設問3と設問4の二つの設問が待ち構えているため，それらの記載スペースがなくなってしまいます。そのため，なるべく1ページ程度にまとめるようにしてください。

【解決策の記載例】
建設機械の自律化
　i-Construction2.0の一つである施工のオートメーション化により，建設機械の自律化を図る。これにより，一人のオペレータが複数台の建設機械の監理を遠隔地から行うことが可能になり，作業者の負担減と省力化が図れる。具体的には，UAVを用いた広範囲かつ高精度な3次元データを活用し，現場環境や資材配置，施工状況をリアルタイムに把握する。それらをICT建設機械に連携し自動施工を推進するとともに，工事進捗の可視化により監督者等の迅速な判断

　また，解決策を考える際に，汎用的に使えるものを用意していくと，困ったときに使用することができます。汎用的に使用できる解決策を次に示します。

【汎用的に使える解決策の例】
- 新技術（具体的な名称）の導入
- ICT技術の活用
- ハード対策とソフト対策の融合
- 選択と集中
- 多様な関係者との連携
- 民間主導（PPP／PFI含む）

(4) 「3．解決策を実行しても新たに生じうるリスクとそれへの対策」「3．解決策を実行して生じる波及効果，懸念事項への対応策」の書き方

　設問3は，選択科目Ⅲと同様の内容となっていますが，解答できるスペースが1／2ページと限られています。そのため，要点を絞った上でタイトルを書く必要があります。

３．新たに生じうるリスク及び対策
(1) ○○のリスク
(2) リスクへの対策

３．波及効果，懸念事項及び対応策
(1) 波及効果
(2) ○○の懸念事項
(3) 懸念事項への対応策

　選択科目Ⅲでは複数のリスクと対策を挙げることを述べましたが，必須科目

Ⅰでは，要点を絞って複数のリスクと対策を書くか，一つにして詳しく書くかは，記載する内容によって変えるようにしてください。リスクや対策等を複数記載する場合のタイトルの書き方は，次のとおり主旨をタイトルとし，本文内で「…のリスクがある」「対策は，…である」と段落を分けて記載するとわかりやすいです。

> **3．新たに生じうるリスク及び対策**
> (1) ○○（のリスクと対策）
>   解決策を実施することにより，○○のリスクがある。
>   対策は，……である。
> (2) △△（のリスクと対策）

(5) 「4.技術者倫理，社会持続性の観点から必要となる要件・留意点」の書き方

「技術者倫理，社会持続性の観点から必要となる要件・留意点」は，必須科目Ⅰのみに出題される設問であり，コンピテンシーの「技術者倫理」と深く関係する項目となっています。書き方について，**「タイトルの書き方」「技術者としての倫理の観点の書き方」「社会の持続性の観点の書き方」** に分解して説明をしていきます。

①タイトルの書き方

ここでは，"技術者としての倫理の観点" と "社会の持続性の観点" の二つが問われているため，設問3と同様に，別々の項で書くと読みやすくなります。そのため，それぞれの項を次のようなタイトルとするのが無難です。

> **4．必要となる要件・留意点**
> (1) 技術者としての倫理の観点
> (2) 社会の持続性の観点

② 技術者としての倫理の観点の書き方

技術者としての倫理の観点を記載するにあたっては，2章に掲載している技術士倫理綱領を参考にするのが良いです。技術士倫理綱領は，すべてを暗記する必要はありませんが，どれがご自身の論文とリンクするかを抑えておく必要があります。

よくあるのが，前文や本文の一部を丸暗記し，どの論文でも同じ解答をする方がいらっしゃいます。しかし，設問1～3の業務を遂行するにあたっての内容としなければならず，業務に応じて変える必要があるのは当然です。事前に書く内容とリンクする項目を見つけておく必要があります。

具体的な記載内容としては，次の技術士倫理綱領前文の「公益の確保」と本文第1項の「安全・健康・福利の優先」が業務に関連させやすいです。

【前文】

技術士は，科学技術の利用が社会や環境に重大な影響を与えることを十分に認識し，業務の履行を通して安全で持続可能な社会の実現など，公益の確保に貢献する。

技術士は，広く信頼を得てその使命を全うするため，本倫理綱領を遵守し，品位の向上と技術の研鑽に努め，多角的・国際的な視点に立ちつつ，公正・誠実を旨として自律的に行動する。

【本文】
（安全・健康・福利の優先）
1．技術士は，公衆の安全，健康及び福利を最優先する。
(1) 技術士は，業務において，公衆の安全，健康及び福利を守ることを最優先に対処する。
(2) 技術士は，業務の履行が公衆の安全，健康や福利を損なう可能性がある場合には，適切にリスクを評価し，履行の妥当性を客観的に検証する。
(3) 技術士は，業務の履行により公衆の安全，健康や福利が損なわれると判断した場合には，関係者に代替案を提案し，適切な解決を図る。

出典：技術士倫理綱領　［日本技術士会］

具体的な解答例は次のとおりです。

【技術者倫理の解答例】

技術者としての倫理の観点

　対策実施により地域間の災害リスクに偏りが生じないよう留意し，公益を確保する。そのために，水災害リスクや人口・資産の分布を考慮して解決策を進める。

技術者としての倫理の観点

　要点は，公衆の安全の優先である。ライフサイクルコストの縮減にも留意して計画的に地域インフラ群マネジメントを推進し，インフラの安全性確保と財政の健全化を両立する。

③　社会の持続性の観点の書き方

　社会の持続性の観点についても，評価項目に技術者倫理が入っていることからも，技術士倫理綱領の第2項（持続可能な社会の実現）に関連した記載とする必要があります。

（持続可能な社会の実現）

2．技術士は，地球環境の保全等，将来世代にわたって持続可能な社会の実現に貢献する。

　(1)　技術士は，持続可能な社会の実現に向けて解決すべき環境・経済・社会の諸課題に積極的に取り組む。

　(2)　技術士は，業務の履行が環境・経済・社会に与える負の影響を可能な限り低減する。

出典：技術士倫理綱領　［日本技術士会］

具体的な解答例は次のとおりです。

【社会持続性の観点の解答例】

社会の持続性の観点

　維持管理計画時は，CO_2吸収型コンクリート等の環境負荷が少ない素材を採用するよう留意する。このことで経済活動と環境保全を両立させる。

社会の持続性の観点

　要点は経済の活性化である。環境保全により経済が停滞しないよう留意し，カーボンクレジットを活用した CO_2 排出削減量取引等を促進する。このことで経済活性化と環境保全を両立させる。

　内容として「環境・経済・社会の諸課題」と幅広い表現となっています。そこで，具体的な表現とするため，最近のトレンドである SDGs を参考にすることで，解答が書きやすくなります。これも，技術者としての倫理の観点と同じで，設問 1 〜 3 の業務を遂行するにあたっての内容としなければならず，業務に応じて変える必要があります。

　具体的な記載内容としては，「9 産業と技術革新の基盤を作ろう」「11 住み続けられるまちづくりを」「13 気候変動に具体的な対策を」が業務に関連させやすいです。

持続可能な開発目標（SDGs）の詳細

 **目標1［貧困］**
あらゆる場所あらゆる形態の
貧困を終わらせる

 目標2［飢餓］
飢餓を終わらせ、食料安全保障
及び栄養の改善を実現し、
持続可能な農業を促進する

 目標3［保健］
あらゆる年齢のすべての人々の
健康的な生活を確保し、福祉を促進する

 目標4［教育］
すべての人に包摂的かつ公正な質の高い
教育を確保し、生涯学習の機会を促進する

 目標5［ジェンダー］
ジェンダー平等を達成し、
すべての女性及び女児の
エンパワーメントを行う

 **目標6［水・衛生］**
すべての人々の水と衛生の利用可能性と
持続可能な管理を確保する

 目標7［エネルギー］
すべての人々の、安価かつ信頼できる
持続可能な近代的なエネルギーへの
アクセスを確保する

 目標8［経済成長と雇用］
包摂的かつ持続可能な経済成長及びすべての
人々の完全かつ生産的な雇用と働きがいのある
人間らしい雇用（ディーセント・ワーク）を促進する

 **目標9［インフラ、産業化、
イノベーション］**
強靭（レジリエント）なインフラ構築、
包摂的かつ持続可能な産業化の促進
及びイノベーションの推進を図る

 目標10［不平等］
国内及び各国家間の不平等を是正する

 目標11［持続可能な都市］
包摂的で安全かつ強靭（レジリエント）で
持続可能な都市及び人間居住を実現する

 目標12［持続可能な消費と生産］
持続可能な消費生産形態を確保する

 目標13［気候変動］
気候変動及びその影響を軽減するための
緊急対策を講じる

 目標14［海洋資源］
持続可能な開発のために、海洋・海洋資源を
保全し、持続可能な形で利用する

 **目標15［陸上資源］**
陸域生態系の保護、回復、持続可能な利
用の推進、持続可能な森林の経営、砂漠
化への対処ならびに土地の劣化の阻止・
回復及び生物多様性の損失を阻止する

 目標16［平和］
持続可能な開発のための平和で包摂的な社会
を促進し、すべての人々に司法へのアクセスを提
供し、あらゆるレベルにおいて効果的で説明責
任のある包摂的な制度を構築する

 目標17［実施手段］
持続可能な開発のための実施手段を
強化し、グローバル・パートナーシップを
活性化する

出典：外務省

6-3　評価される解答

　必須科目Ⅰの論文の例として，評価される解答を分野別に六つを例示します。これらは，実際の技術士試験でA評価だった再現答案をベースにして構築しています。

【出題①】維持管理その1

　我が国の社会資本は多くが高度経済成長期以降に整備され，今後建設から50年以上経過する施設の割合は加速度的に増加する。このような状況を踏まえ，2013（平成25）年に「社会資本の維持管理・更新に関する当面講ずべき措置」が国土交通省から示され，同年が「社会資本メンテナンス元年」と位置づけられた。これ以降これまでの10年間に安心・安全のための社会資本の適正な管理に関する様々な取組が行われ，施設の現況把握や予防保全の重要性が明らかになるなどの成果が得られている。しかし，現状は直ちに措置が必要な施設や事後保全段階の施設が多数存在するものの，人員や予算の不足をはじめとした様々な背景から修繕に着手できていないものがあるなど，予防保全の観点も踏まえた社会資本の管理は未だ道半ばの状態にある。

(1)　これからの社会資本を支える施設のメンテナンスを，上記のようなこれまで10年の取組を踏まえて「第2フェーズ」として位置づけ取組・推進するに当たり，技術者としての立場で多面的な観点から3つ課題を抽出し，それぞれの観点を明記したうえで，課題の内容を示せ。

(2)　前問(1)で抽出した課題のうち，最も重要と考える課題を一つ挙げ，その課題に対する複数の解決策を示せ。

(3)　前問(2)で示したすべての解決策を実行しても新たに生じうるリスクとそれへの対策について，専門技術を踏まえた考えを示せ。

(4)　前問(1)～(3)を業務として遂行するに当たり，技術者としての倫理，社会の持続性の観点から必要となる要点・留意点を述べよ。

【R5 必須科目Ⅰ-2】

【論文の要点】

設問① 課題

メンテナンスの第2フェーズを推進する為の課題

限られたリソースでの膨大なインフラ維持管理

市町村技術者15年で14％減少
一巡目点検で措置必要な施設が膨大
⇒予防保全への転換が不十分（特に小規模市町村は人材不足が深刻）

国民からの維持管理事業に対する理解

道路は効果を認識しやすい
⇔砂防ダム等の防災施設は認識しにくい
必要性に関する国民認知度は約5割

構造物単位での財源の縮小化

50年以上経過する施設が加速度的に増加
例：河川施設約4万6千施設のうち50年以上
2020年1割、2030年2割、2040年3割
⇒膨大な維持管理費用
⇔社会保障費も増えていく

設問② 解決策

リソースには限りがある

広域的・分野横断的な人員と財源の活用

周辺市町村や民間と連携
例：地域包括民間委託CM方式
⇒小規模市町村の体制整備

生産性向上に資する技術開発・実装

産学官民の連携で生産性向上の技術開発・実装
例：オープンイノベーション
PRISM, AI, IoT, NETIS

メンテナンス分野のデジタル国土管理の推進

社会資本情報プラットフォーム
⇒API連携、標準化
AI活用→経年変化の予測や修繕内容の最適化
⇒予防保全型メンテナンス

設問③ 新たなリスク・対策

リスク：ノウハウ不足による品質低下

取り組みの経過が10年未満程度
⇒担当者のノウハウや知見の不足
⇒品質低下のリスク

対策：関係機関と連携した人材育成

インフラメンテナンス国民会議でイベントを開催
最新技術や事例の紹介
⇒最新の知見を教育・周知

設問④ 要件

技術者倫理

地域間で偏りが生じないように留意
地域インフラ群マネジメントを推進
⇒公益確保

社会の持続可能性

CO2吸収型コンクリート等採用
EVや水素自動車等の活用
⇒維持管理と環境保全の両立

1．メンテナンスの第2フェーズを推進する為の課題

（1）限られたリソースでの膨大なインフラ維持管理

　我が国の市町村技術職員は最近15年で14％減少している。更に，一巡目点検で措置が必要な施設が膨大であることが分かり，予防保全への転換が不十分である。特に，小規模な市町村は人材・予算不足が顕著であり状況が深刻である。ゆえに，適切な維持管理実施の観点から，限られたリソースでの膨大なインフラ維持管理が課題である。

（2）国民からの維持管理事業に対する理解

　インフラの内，道路は平常時から効果を認識できるが，砂防ダム等の防災施設は豪雨や地震等の異常時に効果を発揮する。そのため，長期間に亘る維持管理・更新費の必要性に関する国民認知度は約5割にとどまっている。ゆえに，円滑な事業推進の観点から，国民からの維持管理事業に対する理解が課題である。

（3）構造物単位での財源の縮小化

　我が国のインフラは，建設から50年以上経過する施設が加速度的に増加する。例えば，河川施設は約4万6千施設あるが，建設から50年以上経過する施設は，2020年は1割，2030年は2割，2040年が3割となる。そのため膨大な維持管理費用が必要となる。一方，我が国は高齢化社会に伴い社会保障費が高い割合で必要となる。ゆえに，財政の観点からの構造物単位での財源の縮小化が課題である。

2. 最も重要と考える課題と解決策

　膨大な数のインフラの維持管理には，本来多くの人員と財源を要するが，人材や財源には限りがある。この点を考慮し（1）を最重要課題と考える。

（1）広域的・分野横断的なリソースの活用

　周辺市町村や民間事業者と連携した体制を構築する。例えば，地域包括民間委託やCM方式を活用する。このことで，組織を跨いで人員と財源を活用し，多くのインフラを管理する小規模な市町村においても，維持管理事業を適切に実施できる体制を整備する。

（2）生産性向上に資する技術開発・実装

　産学官民との連携のもとで，メンテナンスの生産性向上に資する技術を開発・実装する。例えば，革新的河川技術プロジェクト等のオープンイノベーションにより，現場ニーズに即した研究開発を行う。また，官民研究開発投資拡大プログラム（PRISM）の活用により，AI，IoT，非破壊検査等の技術開発を行う。また，NETISを活用して開発した新技術を検索・評価し，業務目的に応じて実務に実装する。よって，多くのインフラの維持管理対応を可能とする。

（3）メンテナンス分野のデジタル国土管理の推進

　インフラの維持管理状況等を統一的に蓄積する社会資本情報プラットフォームを活用する。具体的には，インフラの情報をAPI連携により工種や地域別等で標準化する。そのうえで，AI等を活用して経年変化の予

測や修繕時期・方法の最適化を行う。このことで効率的な予防保全型メンテナンスサイクル確立に活用する。

3．新たに生じうるリスクとそれへの対策

（1）リスク：ノウハウ不足による品質低下

　何れの解決策も2013年の「社会資本メンテナンス元年」を契機に取り組み始めたものが多く，開始から10年未満程度しか経過していない。そのため，担当者のノウハウや知見の不足により適切な技術判断がされず，品質低下のリスクが新たに生じる。

（2）対策：関係機関と連携した人材育成

　産学官民の連携のもと，インフラメンテナンス国民会議においてイベントを開催する。イベントでは，最新技術の紹介や新技術活用の事例紹介を行う。このことで，最新の知見を教育・周知し，ノウハウ不足や知見不足によって品質低下するリスクを低減する。

4．業務を遂行するに当たり必要となる要点・留意点

（1）技術者倫理：解決策の実行により地域間で偏りが生じないように留意し，PDCAサイクルに基づいて改善を重ねる。よって，地域インフラ群マネジメントを推進し，公益の確保につなげる。

（2）社会の持続性：環境負荷の低減に留意し，維持管理計画時はCO_2吸収型コンクリート等の環境負荷が少ない素材を採用する。また点検等の移動時はEVや水素自動車等を活用する。これにより，維持管理と環境保全を両立する。　以上

【出題②】 維持管理その2

> 　我が国の社会インフラは高度経済成長期に集中的に整備され，建設後50年以上経過する施設の割合が今後加速度的に高くなる見込みであり，急速な老朽化に伴う不具合の顕在化が懸念されている。また，高度経済成長期と比べて，我が国の社会・経済情勢も大きく変化している。
>
> 　こうした状況下で，社会インフラの整備によってもたらされる恩恵を次世代へも確実に継承するためには，戦略的なメンテナンスが必要不可欠であることを踏まえ，以下の問いに答えよ。
>
> (1) 社会・経済情勢が変化する中，老朽化する社会インフラの戦略的なメンテナンスを推進するに当たり，技術者としての立場で多面的な観点から課題を抽出し，その内容を観点とともに示せ。
>
> (2) (1)で抽出した課題のうち最も重要と考える課題を一つ挙げ，その課題に対する複数の解決策を示せ。
>
> (3) (2)で示した解決策に共通して新たに生じうるリスクとそれへの対策について述べよ。
>
> (4) (1)〜(3)を業務として遂行するに当たり必要となる要件を，技術者としての倫理，社会の持続可能性の観点から述べよ。　　　【R2 必須科目Ⅰ-2】

【論文の要点】

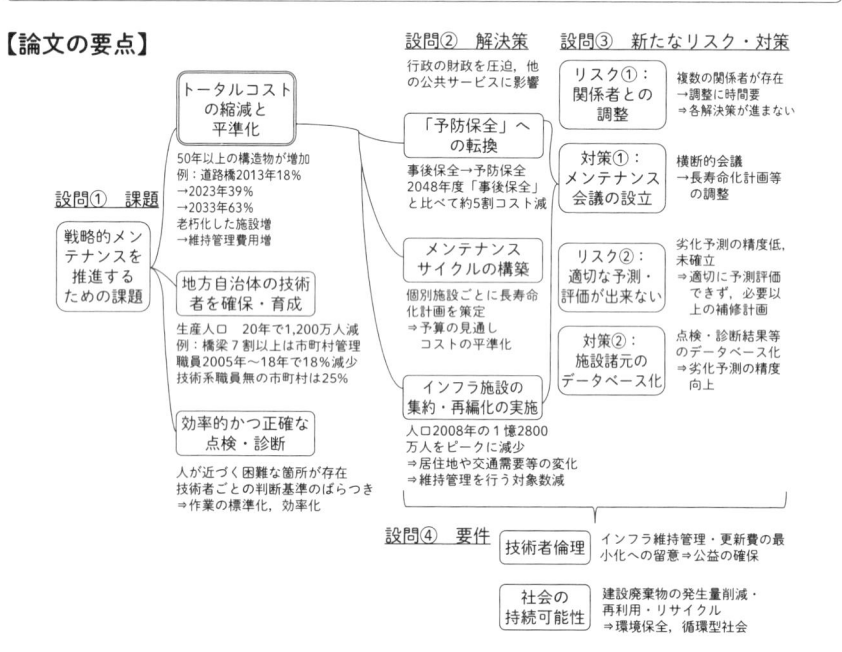

208

1．戦略的メンテナンスを推進するための課題

（1）トータルコストの縮減と平準化

　我が国のインフラ施設の多くは高度経済成長期以降に整備されており，建設から50年以上の施設が加速度的に増加する。例えば，道路橋のその割合は，2013年は18％であったが，2023年は37％，2033年は63％と増加する。老朽化した施設が増加すると維持管理費用も増加し，行政の財政を圧迫する。よって，トータルコストの縮減と平準化を図る課題がある。

（2）地方自治体の技術者を確保・育成

　我が国の生産人口は最近20年で1,200万人減少しており，今後更なる減少が見込まれている。例えば，橋梁の7割以上は市町村が管理しているが，維持管理に関わる職員は2005年～2018年の間で18％減少している。更に，技術系職員がいない市町村は25％にのぼる。よって，構造物を点検・診断できる地方自治体の技術者を確保・育成する課題がある。

（3）効率的かつ正確な点検・診断

　点検は近接目視を基本とするが，安全上の問題等で人が近づくことが困難な箇所が存在する。また，人が近接目視出来ても，技術者によって判断基準にばらつきが生じ，それにより診断・診断結果が不均一となる恐れがある。限られた人手で適切な診断を行うため，作業を標準化し，効率的かつ正確な点検・診断を行う課題がある。

2. 最も重要な課題とそれに対する解決策

　維持管理費により行政の財政を圧迫し，他の公共サービスに影響が生じかねないため，（1）を最も重要な課題とする。

（1）解決策① 「予防保全」への転換

　従来は施設に不具合が生じてから対策を行う「事後保全」で維持管理をしていたが，今後は「予防保全」へ転換する。このことで，1年あたりの維持管理・更新費用は，2048年度には「事後保全」の場合と比べて約5割減少すると見込まれ，コスト縮減に寄与する。

（2）解決策② メンテナンスサイクルの構築

　点検・診断を行い，補修・修繕等の措置に必要な費用を把握するとともに，個別施設毎に長寿命化計画を策定する。いつ，どの程度の費用が必要か明確にすることで予算に見通しをつけて，コストの平準化を図るとともに，適正なメンテナンスサイクルを構築する。

（3）解決策③ インフラ施設の集約・再編化の実施

　我が国の人口は2008年の1億2,800万人をピークに減少しており，今後更に減少すると見込まれている。それにより居住地や交通需要等が変化するため，インフラ施設を集約・再編化し社会情勢の変化に対応する維持管理を行う対象数が減り，その分の維持管理費が不要となるため，トータルコストの縮減に寄与する。

3. 新たに生じうるリスクとそれへの対策

（1）リスク①：関係者との調整

　社会インフラは多分野にわたり多数存在している。例えば，鉄道にかかる跨線橋や国道と県道の立体交差点など複数の管理者が関係する施設が存在する。こういった施設は各管理者と調整する必要があるが，調整に時間を要し，各解決策が進まなくなるリスクがある。

（2）リスク①への対策：メンテナンス会議の設立

　横断的な会議にて各管理者間で長寿命化計画や点検時期の調整を行うことで効率的に各解決策を進める。

（3）リスク②適切な予測・評価が出来ない

　現在，劣化予測の精度が低かったり，施設の評価方法が未確立であったりする現状がある。このことで適切に予測評価されず，予測より早く補修が必要になる等各解決策が計画通りに進まないリスクがある。

（4）リスク②への対策：施設諸元のデータベース化

　施工年度や点検・診断結果等を蓄積してデータベース化し，劣化予測の精度を向上させる。

4．業務遂行において必要な要件

（1）技術者としての倫理：要点は公益確保である。インフラ維持管理・更新費の最小化に留意し，各地域の将来像等を考慮してインフラの集約・再編・機能向上等のマネジメントを戦略的に推進する。

（2）社会の持続性：要点は環境保全である。維持管理計画策定時は，建設廃棄物の発生量削減，再利用及びリサイクル品の活用を徹底するよう留意する。このことで，循環型社会の実現に向けた行動をする。以上

【出題③】 災害

　近年，災害が激甚化・頻発化し，特に，梅雨や台風時期の風水害（降雨，強風，高潮・波浪による災害）が毎年のように発生しており，全国各地の陸海域で，土木施設，交通施設や住民の生活基盤に甚大な被害をもたらしている。こうした状況の下，国民の命と暮らし，経済活動を守るためには，これまで以上に，新たな取組を加えた幅広い対策を行うことが急務となっている。

(1) 災害が激甚化・頻発化する中で，風水害による被害を，新たな取組を加えた幅広い対策により防止又は軽減するために，技術者としての立場で多面的な観点から3つ課題を抽出し，それぞれの観点を明記したうえで，課題の内容を示せ。

(2) 前問(1)で抽出した課題のうち最も重要と考える課題を一つ挙げ，その課題に対する複数の解決策を示せ。

(3) 前問(2)で示したすべての解決策を実行しても新たに生じうるリスクとそれへの対応策について，専門技術を踏まえた考えを示せ。

(4) 前問(1)〜(3)を業務として遂行するに当たり，技術者としての倫理，社会の持続性の観点から必要となる要件・留意点を述べよ。　【R3 必須科目 I-2】

【論文の要点】

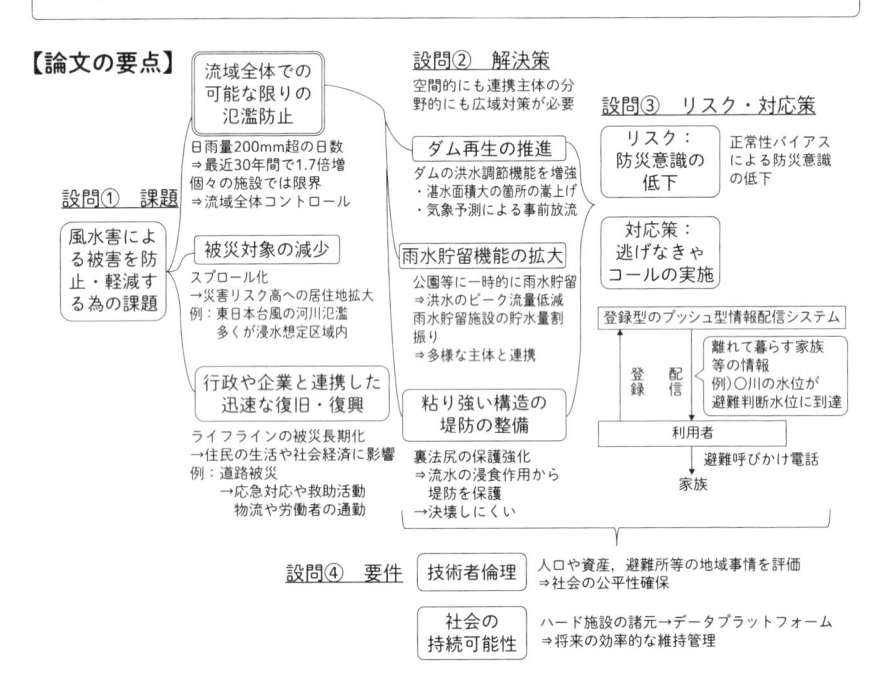

1．風水害による被害を防止・軽減する為の課題

（1）流域全体での可能な限りの氾濫防止

　我が国の日雨量200mmを超える豪雨の発生日数は最近30年間で1.7倍増加し，近年災害が激甚・頻発化している。これにより現行施設能力を上回る外力が発生し，個々の施設による対策では限界となってきている。河川は上流から下流までつながっているため，流域全体での洪水のコントロールが求められる。したがって，ハード対策の観点から流域全体における可能な限りの氾濫防止が課題である。

（2）被災対象の減少

　（1）で述べたように，近年の災害の激甚・頻発化により従来の想定を超えた速さや場所で被害が発生している。また，都市のスプロール化により，本来居住できない災害リスクが高い場所に居住地が拡大した為，被災し易い土地利用となっている。実際，令和元年東日本台風における，一部の河川の氾濫では，被災家屋の9割が浸水想定区域内であった。したがって，土地利用の観点から，被災対象の減少が課題である。

（3）行政や企業と連携した迅速な復旧・復興

　ライフラインや交通網といった地域基盤の被災による影響が長期化すると，住民の生活や社会経済に影響を及ぼす。例えば，道路が被災した場合，応急対応や救助活動に支障が生じるだけではなく，物流や労働者の通勤にも支障が生じる。したがって経済の観点から，

行政や企業が連携した迅速な復旧・復興が課題である。

2．最も重要な課題と解決策

　災害が激甚・頻発化している点と空間的にも連携主体の分野的にも広域な対策が必要である点から，（１）を最も重要な課題とした。解決策を以下に示す。

（１）ダム再生の推進

　嵩上げや利水容量の洪水調節容量への利用により，既存ダムの洪水調節機能を増強する。前者は，湛水面積が大きいとわずかな嵩上げで多くの貯水容量を増加できる。後者は，気象予測を考慮したうえで，下流の利水状況への影響が少ない範囲で洪水前に利水容量の一部を事前放流し，一時的に洪水調節機能を増強する。

（２）雨水貯留機能の拡大

　公園や駐車場等に一時的に雨水を貯留する施設を整備する。このことで集水域から河川や下水道への雨水流入量を時間的に平準化し，洪水のピーク流量を低減することを図る。整備計画時は，目標貯水量に対する各雨水貯留施設の貯水量の割振りについて，集水域における多様な主体と連携して設定するように留意する。

（３）粘り強い構造の堤防の整備

　表法尻と天端だけでなく，裏法尻もコンクリートなどで被覆して保護強化する。このことで流水の浸食作用から堤防を保護する為，河川水が堤防を越流しても決壊に至りにくくなる。その為，決壊によって大量の河川水が堤内地へ浸水することを防ぎ，氾濫水を最小

限にとどめることを図る。

3．新たに生じうるリスクと対応策

（1）リスク：防災意識の低下

　解決策はいずれもハード対策に関連する。一方，防災対策にはハードとソフトを組み合せた多重防衛が必要である。被災しない期間が長くなると，正常性バイアスにより防災意識が低下して避難行動を取らなくなり，被害が発生するリスクが生じる。

（2）対応策：逃げなきゃコールの実施

　離れた場所に暮らす家族に危険が差し迫った場合，利用者が直接家族に電話等で避難行動を呼びかける。

登録型の
プッシュ型情報配信システム

登録

配信

離れて暮らす家族等の情報
例）○川の水位が避難判断水位に到達

利用者

避難呼びかけ電話　家族

大切な人からの情報を活用することで，正常性バイアスを解くことを図る（図）。

4．業務として遂行するにあたり必要となる要件

（1）技術者としての倫理

　ハード対策の整備計画を行う際は，人口や資産の分布状況や避難所・避難経路の指定状況等の地域事情を多面的に評価したうえで行う。このことで一部の住民に利益が集中することを防ぎ社会の公平性を確保する。

（2）社会の持続性の観点

　ハード施設の諸元はデータプラットフォームに登録する。将来行う点検や修繕の際に，時間や場所の制約なく効率的な維持管理を行うことが可能となる。以上

【出題④】 DX

　我が国では，技術革新や「新たな日常」の実現など社会経済情勢の激しい変化に対応し，業務そのものや組織，プロセス，組織文化・風土を変革し，競争上の優位性を確立するデジタル・トランスフォーメーション（DX）の推進を図ることが焦眉の急を要する問題となっており，これはインフラ分野においても当てはまるものである。

　加えて，インフラ分野ではデジタル社会到来以前に形成された既存の制度・運用が存在する中で，デジタル社会の新たなニーズに的確に対応した施策を一層進めていくことが求められている。このような状況下，インフラへの国民理解を促進しつつ安全・安心で豊かな生活を実現するため，以下の問いに答えよ。

(1) 社会資本の効率的な整備，維持管理及び利活用に向けてデジタル・トランスフォーメーション（DX）を推進するに当たり，技術者としての立場で多面的な観点から3つ課題を抽出し，それぞれの観点を明記したうえで，課題の内容を示せ。

(2) 前問(1)で抽出した課題のうち，最も重要と考える課題を一つ挙げ，その課題に対する複数の解決策を示せ。

(3) 前問(2)で示したすべての解決策を実行して生じる波及効果と専門技術を踏まえた懸念事項への対応策を示せ。

(4) 前問(1)〜(3)を業務として遂行するに当たり，技術者としての倫理，社会の持続性の観点から必要となる要点・留意点を述べよ。　【R4 必須科目 I−1】

【論文の要点】

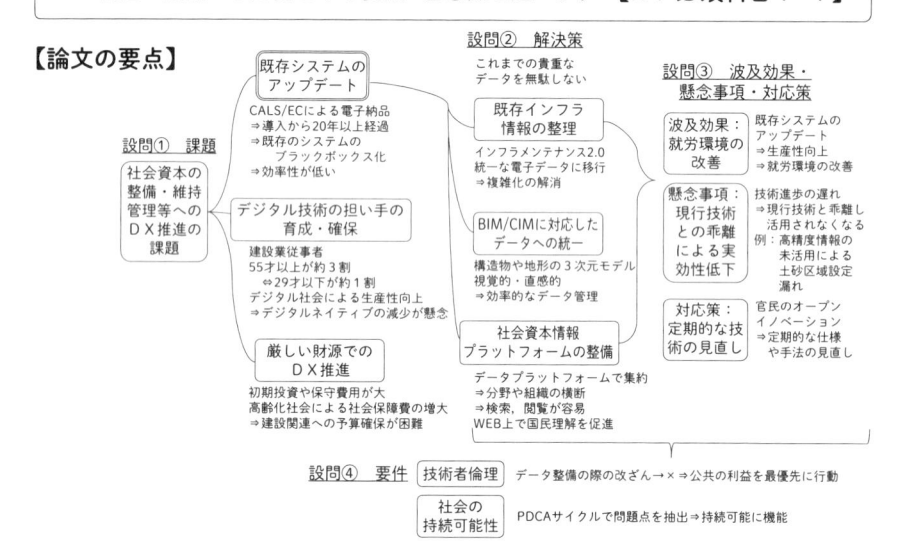

1．社会資本の整備・維持管理等へのDX推進の課題

（1）既存システムのアップデート

我が国の建設業では，CALS/ECによる電子納品の原則化等，従来からデジタル技術を活用してきた。一方，導入から20年以上経過している為，既存のシステムがシステムの老朽化や肥大化・複雑化によりブラックボックス化している。その為，社会資本の整備や維持管理業務の効率性が低い。したがってデータ管理の観点から既存システムのアップデートが課題となっている。

（2）デジタル技術の担い手の育成・確保

我が国の建設業従事者は55才以上が約3割を占める一方で，29才以下が1割程度となっており，若年層が少ない。デジタル社会の到来により，インフラ分野の大幅な生産性向上が期待されているが，それに伴い業務手法も大きく変化する。その為，若年層であるデジタルネイティブ世代が少ない建設業が技術革新に適応できるか懸念されている。よって人材の観点から，デジタル技術の担い手の確保・育成が課題である。

（3）厳しい財源でのDX推進

DXの推進には，PC機器等のハードウェアやアプリ等のソフトウェアが必要であり，初期投資や保守費用を要する。一方，我が国は高齢化社会に突入し，今後も社会保障費は高い割合で必要となる。よって建設関連への予算確保が困難である。したがって財政の観点から，厳しい財源でのDX推進が課題となっている。

2. 最も重要な課題と解決策

　先人が整備および投資してきたデータを無駄にしてはならない為，（1）を最も重要な課題とした。

（1）既存インフラ情報の整理

　インフラメンテナンス2.0の一環として，紙ベースの施設台帳や組織が独自に整備した電子台帳を統一の電子データに移行する。具体的には，ファイル形式やデータの単位等を統一する。このことで従来整備されてきたデータを統一的に整理し，システムの複雑化を解消することを図る。

（2）BIM／CIMに対応したデータへの統一

　設計・施工等の建設生産プロセスで扱うデータについて，構造物や地形を3次元で表現し，3次元モデルに属性を組み合せたBIM／CIMデータに統一する。このことで視覚的・直感的に社会資本の情報を把握し易くなり，既存のシステムと比較してより効率的にインフラ分野のデータを管理することを図る。

（3）社会資本情報プラットフォームの整備

　（1）（2）で記述した事項について，データプラットフォームに登録し情報を集約する。このことで分野や組織を横断して同種構造物の設計や維持管理状況を検索，閲覧可能となり，効率よく社会資本を管理する。また，データプラットフォームはWEB上に公開し，インフラへの国民理解を促進することを図る。

3. 波及効果と懸念事項への対応策

（１）	波	及	効	果	：	就	労	環	境	の	改	善							
れ	る	為	，	生	産	性	が	向	上	す	る	。	よ	っ	て	長	時	間	労	働	が	解	消
さ	れ	，	建	設	業	の	就	労	環	境	が	改	善	す	る	波	及	効	果	が	あ	る	。
（２）	懸	念	事	項	：	現	行	技	術	と	の	乖	離	に	よ	る	実	効	性	低	下
	通	信	速	度	や	デ	ー	タ	処	理	能	力	は	日	々	進	歩	し	て	い	る	。	そ
の	為	，	技	術	進	歩	に	対	応	し	な	い	と	将	来	的	に	現	行	技	術	と	乖
離	し	，	活	用	で	き	た	は	ず	の	技	術	が	活	用	さ	れ	な	く	な	る	懸	念
事	項	が	あ	る	。	例	え	ば	，	一	部	の	地	域	に	お	い	て	土	砂	警	戒	区
域	を	高	精	度	な	5mDEM	を	活	用	せ	ず	区	域	設	定	し	た	為	，	区	域
設	定	に	漏	れ	が	生	じ	，	人	的	被	害	が	発	生	し	た	。					
（３）	対	応	策	：	定	期	的	な	技	術	の	見	直	し							
	官	民	の	オ	ー	プ	ン	イ	ノ	ベ	ー	シ	ョ	ン	に	よ	り	，	定	期	的	に	解
決	策	の	仕	様	や	手	法	を	見	直	す	。	例	え	ば	使	用	デ	ー	タ	の	高	精
度	化	や	使	用	ソ	フ	ト	の	バ	ー	ジ	ョ	ン	ア	ッ	プ	へ	の	対	応	を	行	う	。
よ	っ	て	現	行	技	術	と	の	乖	離	に	よ	る	実	効	性	低	下	を	防	止	す	る	。
4.	業	務	遂	行	に	お	い	て	必	要	と	な	る	要	件	・	留	意	点				
（１）	技	術	者	と	し	て	の	倫	理										
	解	決	策	の	実	行	で	デ	ー	タ	を	整	備	す	る	際	は	，	特	定	の	個	人
や	団	体	に	利	益	を	も	た	ら	す	よ	う	な	デ	ー	タ	改	ざ	ん	は	断	じ	て
行	わ	な	い	。	公	共	の	利	益	を	最	優	先	に	行	動	す	る	。				
（２）	社	会	の	持	続	性													
	解	決	策	に	つ	い	て	は	，	PDCA	サ	イ	ク	ル	に	基	づ	い	て	問	題	点
を	抽	出	し	て	改	善	を	重	ね	る	。	こ	の	こ	と	で	，	解	決	策	が	持	続
可	能	に	機	能	す	る	よ	う	に	す	る	。							以	上

【出題⑤】 人材確保

> 　我が国の総人口は，戦後増加を続けていたが，2010年頃をピークに減少に転じ，国立社会保障・人口問題研究所の将来推計（出生中位・死亡中位推計）によると，2065年には8,808万人に減少することが予測されている。私たちの暮らしと経済を支えるインフラ整備の担い手であり，地域の安全・安心を支える地域の守り手でもある建設産業においても，課題の一つとしてその担い手確保が挙げられる。
>
> ⑴　それぞれの地域において，地域の中小建設業が今後もその使命を果たすべく担い手を確保していく上で，技術者としての立場で多面的な観点から課題を抽出し，その内容を観点とともに示せ。
> ⑵　抽出した課題のうち最も重要と考える課題を一つ挙げ，その課題に対する複数の解決策を示せ。
> ⑶　すべての解決策を実行した上で生じる波及効果と，新たな懸案事項への対応策を示せ。
> ⑷　上記事項を業務として遂行するに当たり，技術者としての倫理，社会の持続性の観点から必要となる要件・留意点を述べよ。　【R2 必須科目Ⅰ-1】

【論文の要点】

設問①　課題

地域の中小建設業が担い手を確保する上での課題

資本集約型の生産体制への移行
現地屋外生産→作業の標準化・仕組化が困難
⇒労働集約型
⇒人への依存度減
　→資本集約型へ

就労環境を改善して魅力ある業界づくり
若者や女性の入職者少
→特に中小建設業
30才未満就労割合
全産業16%⇔建設業11%
⇒次世代の担い手を確保

業務対応時期の平準化
単年度発注が基本
→繁忙期と閑散期が顕著
⇒繁忙期の業務を分散

設問②　解決策
人から資本への移行
→必要人工数減

レーザーを用いた3次元測量の実施
UAV&レーザー3次元測量
⇒通常より5割以上短縮

BIM/CIMの導入
3次元測量データ
→BIM/CIM
⇒視覚的・直感的
⇒意思決定の迅速化
　手戻り根絶

ICT建機の導入
建機に3次元モデル→自動操作
例：切土→丁張・人力の精度管理
　　⇒自動制御で丁張不要

設問③　波及効果・懸案事項・対応策

波及効果　3次元モデルが蓄積
⇒蓄積データのプラットフォーム化
⇒AR等の新分野に活用

懸案事項　機会に過度に依存
エラーの見落とし，品質低下

対応策　重要な作業工程の見極め→要所は技術者が確認

設問④　要件

技術者倫理　個人情報の適切な管理⇒業務の秘密保持

社会の持続可能性　3次元データを維持管理にも活用
⇒持続可能なインフラの維持管理に寄与

1．地域の中小建設業が担い手を確保する上での課題

（1）資本集約型の生産体制への移行

　建設業は現地屋外で生産を行うため，現場毎に調査・検討すべき事項や寸法等が異なり作業の標準化・仕組化が困難である。そのため，人による作業に頼らざるを得なく労働集約性が高い。よって作業に要する人工数が多く，休暇が取りにくい要因の1つとなっている。人に依存する作業を減らし，必要人工数を削減するために，労働集約型から資本集約型の生産体制への移行が課題である。

（2）就労環境を改善して魅力ある業界づくり

　我が国の建設業は3K（給料安い，危険な作業，休暇少ない）の印象から，若者や女性の入職者が少ない。体力のある大手は対応が進んでいるが，地域の中小建設業はこの問題が顕著である。実際に30才未満の就労割合は全産業で16％であるが，建設業は11％と低い。したがって，次世代の担い手を確保し持続可能に建設業の使命を果たすために，就労環境を改善して魅力ある業界づくりが課題である。

（3）業務対応時期の平準化

　我が国の公共事業は単年度予算のため単年度発注が基本となっている。このため，年度末は繁忙期となる一方で，年度明けは閑散期となり人員や資本が有効に活用されていない。1年間で忙しさが変わる働きにくい環境を改善するため，繁忙期の業務を分散する業務

対応時期の平準化が課題である。

2. 最も重要な課題とその解決策

　（1）の「資本集約型の生産体制への移行」を最も重要な課題とした。人から資本へ生産体制を移行すれば，必要人工数が減り，休暇を取りやすくなるため，（2）の3Kの課題も同時に解決できる。

（1）レーザーを用いた3次元測量の実施

　UAVを使用してレーザーを用いて，面的で高密度な3次元測量を短時間で行う。地形条件などで異なるが，トータルステーションを用いた一般的な測量を比較して起工測量が5割以上短縮される。また，必要人員はUAVを操作する人のみのため，省人化にもなる。

（2）BIM／CIMの導入

　（1）で作成した3次元測量データをもとにBIM／CIMに対応した設計データで設計することで，3次元モデルを作成する。このことで視覚的・直感的に関係者間で情報を共有し，意思決定の迅速化やエラーによる手戻りの根絶を図る。また所要時間短縮にもなる。

（3）ICT建機の導入

　建機に（2）で作成した3次元モデルを取り込み，自動操作で施工を行う。例えば切土を行う場合，丁張を目安に手動で切土し精度管理を行う必要があった。一方ICT建機では，3次元モデルを取り込むことでバケットを自動制御するため，丁張や精度管理といった工程や調査人員を要さない。

3．波及効果と新たな懸案事項への対応策

（1）波及効果：各解決策で作成した3次元測量データや3次元モデルが蓄積される。蓄積した各データをプラットフォーム化することで誰でも高度な地形データを扱うことが出来，AR等の新分野に活用される。

（2）新たな懸案事項への対応策：業務が機械に過度に依存することで，エラーの見落としが発生して品質が低下することが懸念される。対応として，生産体制を人から資本に移行する際は，重要な作業工程を把握し，その一部を技術職員が担当するようにする。要所は技術者が確認することで，エラーの見落としにより品質が低下する懸案事項が発生するリスクを低減する。

4．業務を遂行するにあたり必要となる条件

（1）技術者としての倫理

　3次元測量データや3次元モデルをプラットフォーム化して共有する際は，データに格納されている土地の所有者の連絡先といった個人情報を適切に管理する。このような公開したら損害につながりかねない情報を適切に管理することで，業務の秘密を保持する。

（2）社会の持続性の観点

　解決策で作成した3次元データは，設計・施工後も点検作業や維持管理に使い，点検結果や補修履歴を属性として追加していく。従来使用していた紙の台帳とは違いデータが更新され最新状況が把握できる。そのため，持続可能なインフラの維持管理に寄与する。

【出題⑥】 環境問題

　世界の地球温暖化対策目標であるパリ協定の目標を達成するため，日本政府は令和2年10月に，2050年カーボンニュートラルを目指すことを宣言し，新たな削減目標を達成する道筋として，令和3年10月に地球温暖化対策計画を改訂した。また，国土交通省においては，グリーン社会の実現に向けた「国土交通グリーンチャレンジ」を公表するとともに，「国土交通省環境行動計画」を令和3年12月に改定した。

　このように，2050年カーボンニュートラル実現のための取組が加速化している状況を踏まえ，以下の問いに答えよ。

(1) 建設分野における CO_2 排出量削減及び CO_2 吸収量増加のための取組を実施するに当たり，技術者としての立場で多面的な観点から3つの課題を抽出し，それぞれの観点を明記したうえで，課題の内容を示せ。

(2) 前問(1)で抽出した課題のうち，最も重要と考える課題を一つ挙げ，その課題に対する複数の解決策を示せ。

(3) 前問(2)で示したすべての解決策を実行しても新たに生じうるリスクとそれへの対応策について述べよ。

(4) 前問(1)〜(3)を業務として遂行するに当たり，技術者としての倫理，社会の持続性の観点から必要となる要点・留意点を述べよ。

【R4 必須科目Ⅰ-2】

【論文の要点】

設問① 課題

脱炭素社会
の実現に
向けた課題

地域特性に適合した脱炭素化の推進

スプロール化
⇒低密度な土地利用
再生可能エネルギー
→適地が異なる

自動車起因のCO_2排出量の更なる削減

運輸部門2020年度CO_2
排出量（86％自動車起因）
2013年度比17.6％削減
⇔産業部門等の削減率
より低

住宅設備の省エネルギー化

産業部門等2020年度の
CO_2排出量
2013年比23％削減
⇔家庭部門は20％未満
⇒住宅設備を高効率に

設問② 解決策

脱炭素化は確実性と
迅速性が要求される

CO_2排出量の削減に資する都市計画の推進

コンパクト・プラス・
ネットワーク化
例：都市機能の誘導
　　都市のコンパクト
　　化公共交通網の再
　　改築

CO_2吸収量増大に資する環境保全・整備

グリーンインフラの社
会実装
例：公園整備や生産緑
　　地保全インフラ空
　　間の緑化

デジタル技術の活用による環境負荷低減

地域特性の分析
例：天候や土地利用データ
　　→エネルギー需要予測
　　人流・交通データ
　　→CO_2排出量を見える化

設問③ 波及効果・懸念事項・対応策

波及効果：持続可能な地域社会の形成

既存システムの
アップデート
⇒生産性向上
⇒就労環境の改善

懸念事項：地域の変化による住民の反発

住み慣れた住民
⇒生活様式の変化
⇒反発の発生

対応策：産学官民参加の協議会の設置

行政や住民が参加
の協議会設置
⇒地域意見をまち
　づくりに反映
⇒合意形成

設問④ 要件

技術者倫理

地域間で偏りが発生しない
⇒公益確保

社会の持続可能性

環境保全により経済が停滞
しないよう留意
⇒経済活性化と環境保全を
　両立

1. 脱炭素社会の実現に向けた課題

（1）地域特性に適合した脱炭素化の推進

　我が国の市街地は，モータリゼーション等によりスプロール化が進行して低密度な土地利用となり，エネルギー効率が低い。また，脱炭素化に不可欠な再生可能エネルギーは，エネルギー源によって適地が異なるため，地域によってエネルギー需要に対する過不足がある。ゆえに，まちづくりの観点から，地域特性に適合した脱炭素化の推進が課題である。

（2）自動車起因のCO_2排出量の更なる削減

　我が国の運輸部門の2020年度のCO_2排出量は，2013年度比で17.6％削減した。しかし，産業部門や業務部門の削減率より低い状況となっている。また，運輸部門のCO_2排出量のうち，86％は自動車起因である。ゆえに，交通・物流の観点から，自動車起因のCO_2排出量の更なる削減が課題である。

（3）住宅設備の省エネルギー化

　我が国の2020年度のCO_2排出量は，産業部門や業務部門は2013年比で23％削減されたが，家庭部門は20％未満であった。住宅は新築から廃棄までのライフサイクル全体の3／4は運用時にCO_2を排出する。そのため，住宅設備を高効率なものにしなければCO_2削減は困難である。ゆえに，住まいの観点から，住宅設備の省エネルギー化が課題である。

2. 最も重要と考える課題と解決策

　脱炭素化は確実性と迅速性が要求されていることを考慮し（1）を最重要課題とし，解決策を示す。

（1）CO₂排出量の削減に資する都市計画の推進

　まちのエネルギー効率を向上させるため，集約型まちづくり（コンパクト・プラス・ネットワーク化）を推進する。例えば，立地適正計画に基づく中心部への都市機能の誘導や，都市のコンパクト化と公共交通網の再改築を行う。このことでスプロール化により低密度となった土地利用を高度化し，都市のエネルギーを高効率化してCO₂排出量を削減する。

（2）CO₂吸収量増大に資する環境保全・整備

　地域が有するポテンシャルに応じて，グリーンインフラの社会実装を官民連携により総合的に推進する。例えば，公園の整備や農地等の生産緑地の保全を行う。また，空港やビル等の官公庁施設のインフラ空間を活用して緑化を行う。このことでCO₂吸収源を保全および整備し，地域特性に適合した脱炭素化を推進する。

（3）デジタル技術の活用による環境負荷低減

　IoT，AI及び3D都市モデルのPLATEUといったデジタル技術を活用して地域特性を分析し，地域に適した脱炭素化に取り組む。例えば，天候や土地利用データからエネルギー需要を予測し，エネルギー過不足地域のマッチングを行ってエネルギー融通の効率化を行う。また，人流・交通データを活用して地域のCO₂排出量を見える化し，最適な脱炭素対策を実施する。

3. 波及効果と懸念事項への対応策

（1）波及効果：持続可能な地域社会の形成

　いずれの解決策も，まちづくりに関するものである。解決策の実行により，利便性や生態系サービス等が向上し，住みやすい地域となる。これにより，持続可能な地域社会が形成される波及効果がある。

（2）懸念事項：地域の変化による住民の反発

　いずれの解決策も，まちづくりにより地域を変えていくものである。住み慣れた住民にとっては，転居や生活様式の変化を強いられることがある。そのため，解決策に対する反発が発生する懸念事項がある。

（3）対応策：産学官民参加の協議会の設置

　行政や住民が参加する協議会を設置し，まちづくりの方針について説明したうえで，地域意見をまちづくりに反映させる。このことで地域住民の理解を促進して合意形成を行い，懸念事項を解消する。

4. 業務として遂行するに当たり必要な要点・留意点

（1）技術者としての倫理

　解決策実施により地域間で偏りが発生しないように留意する。まちづくりをPDCAサイクルに基づいて進めて実施内容などを継続的に改善し，公益を確保する。

（2）社会の持続性

　カーボンクレジットを活用したCO_2排出削減量取引等を促進する。これにより経済活性化と環境保全を両立し，社会の持続性を確保する。　　　以上

228

<h1>お わ り に</h1>

　かなり昔の話にはなりますが，私が社会人となり間もない頃に，技術士資格を所持する上司がこう言っていたのを鮮明に覚えています。

　「日常でも成長はできるが，アウェーの環境に置かれると，格段に成長できる。最初は苦労するけど，必ずいい経験になる。」

　アウェーの環境とは，転職や転勤のような物理的なものから，新しいプロジェクトや研究など日常業務に関わるものまで，新しい挑戦全般のことを指していました。

　この言葉は，私のその後のキャリアの指針となりました。社会人としての経験が浅かった当時，慣れ親しんだ環境を離れることに不安を覚えていましたが，その言葉を胸に刻み，新しい環境での挑戦を受け入れることができました。

　新しい環境では，これまで経験したことのない業務や異なる価値観を持つ人々との出会いがありました。そして，次第に新しい視点やスキルを身に付け，職務の幅が広がっていくのを実感しました。特に，新しい環境で成果をあげることができたときの達成感は，何にも代えがたいものでした。

　振り返れば，そのような経験を重ねたことで，困難な状況でも自分を成長させる力を身に付けることができたと思います。

　そして，経験を重ね，私自身も技術士となり，今度は自分自身が，未知の環境での挑戦を，後の世代に積極的に勧める立場になりました。困難に立ち向かう経験こそが，大きな成長と強い自信をもたらすと信じているからです。

　そういった挑戦に向き合う中で，技術士資格は非常に大きな支えになると考えています。技術士資格は，単なる専門知識の証明にとどまらず，どのような環境でも応用可能な考え方や問題解決のアプローチを培うための土台となるも

のです。

　特に，技術士資格取得に向けた勉強や試験準備を通じて得られた「課題を見極める力」や「論理的に説明する力」などは，転勤や新しい環境で直面する課題に対応する際に大いに役立ちます。未知の環境では，これまでの経験が必ずしもそのまま通用するわけではありません。そのような状況で，技術士として身に付けた知識やフレームワークが，問題の本質を見抜き，解決策を導くための指針となってくれます。

　私は，優秀な技術者が技術士となり，技術力に加えて困難にも立ち向かう自信をつけることで，さまざまな挑戦をしてほしいと心より願っております。そのため，部下や後輩指導の中では，技術士資格の取得を常に勧めてきました。技術士資格は，誰にでも挑戦する価値があるものです。特に，自分に自信を持てない人にこそ，挑戦してほしいと思っています。

　本書が多くの技術者の手にわたり，一人でも多くの人が，技術士資格を勝ち取ってもらいたいと願っています。

　最後になりますが，本書の制作にあたり，㈱中央経済社の高橋様ならびにKIYOラーニング㈱の星野様，鈴木様には，企画・出版に多大なるご支援を賜りましたこと，深く感謝申し上げます。
　また，技術士（建設部門）の丸山緑先生には再現論文の提供等について多大なるご協力を賜り，本書の内容を一層充実させることができました。心より感謝申し上げるとともに，この場をお借りして深く御礼申し上げます。

技術士（総合技術部門，建設部門）　**平野　貴宣**

【読者特典のお知らせ】

論文対策のポイントを紹介している「初めての論文対策」講座が受講できます！（無料）

　本書をご購入いただきました読者様に，特典をご案内します。

　下記のパスワードを入力することで，「スタディング技術士講座」の「初めての論文対策」を無料でご覧いただけます。この特典講座では，初めて論文試験の対策を行う方のために，論文対策のポイントについて，わかりやすく解説しています。

　スマートフォンやパソコン，タブレットでご覧いただけますので，通勤時間やスキマ時間にぴったりです！

　また，短期間で合格できる勉強方法をわかりやすく解説した「失敗例から学ぶ記述式試験突破の３つのルール」もご覧いただけます。効率的に試験に合格するノウハウが詰まっていますので，ぜひご活用ください。

特典講座のご利用方法：

1. 以下のホームページにアクセスします。
   https://studying.jp/book.html
2. 当書籍の「読者特典」をクリックし，次の画面でメールアドレス等と以下のパスワードを入力します。
   パスワード：engineer
3. 入力されたメールアドレスに，特典講座へのリンクが含まれたメールが届きます。リンク先から特典講座を視聴いただけます。
   ※特典講座は，KIYO ラーニング株式会社が提供いたします。

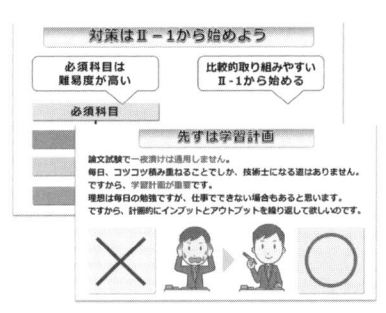

※写真は講義動画内のスライドイメージです。
※特典は予告なく変更する場合がございます。

■著者紹介

平野　貴宣（ひらの　たかのぶ）

1983年生まれ。大学院修士課程終了後，大手鉄道会社の技術職として入社。大規模プロジェクトや災害復興などの幅広い業務に携わる。その間，30歳で技術士（建設部門），33歳で技術士（総合技術監理部門）にいずれも一発合格。退職後，不動産登記測量会社で勤務し，その後，独立開業。現在士業事務所を経営し，技術コンサルティング，技術士試験受験指導，不動産調査など複数の事業を展開している。
その他の資格として，土地家屋調査士を保有。

■監修者紹介

スタディング

KIYOラーニング株式会社が運営するオンライン資格学習サービス。
2008年に「通勤講座」の名称で中小企業診断士講座を開講してサービス開始。
2018年に「スタディング」へ名称を変更した。ビジネスパーソン向け難関資格を中心に，多数の資格・試験講座を提供している。
スマートフォンだけでどこでもスキマ時間に学べる学習システム，AIによる学習アシスト，要点に絞った学習内容で，難関資格の合格者を多数輩出している。

本書のお問い合わせは，書名・該当ページを明記のうえ，文書にてお寄せください。お電話でのお問い合わせや書籍内容以外のご質問はお受けできません。
E-mail info@chuokezai.co.jp ㈱中央経済社編集部

技術士第二次試験建設部門

一発合格への戦略〈論文対策編〉

2025年5月1日　第1版第1刷発行

著　者	平	野	貴	宣		
監修者	ス	タ	デ	ィ	ン	グ
発行者	山	本				継
発行所	㈱ 中 央 経 済 社					
発売元	㈱中央経済グループ パ ブ リ ッ シ ン グ					

〒101-0051　東京都千代田区神田神保町1-35
電話 03 (3293) 3371 (編集代表)
03 (3293) 3381 (営業代表)
https://www.chuokeizai.co.jp
印刷・製本／文唱堂印刷㈱

©2025
Printed in Japan

技術士第二次試験
一発合格への戦略
【学習法編】

平野貴宣・鈴木さつき　著

スタディング　監修

●A5判 / 212頁 /ソフトカバー
●ISBN：978-4-502-52671-8

Contents

中央経済社